Hans Anthon Wagner
Wolfgang Wulz

Schwäbische Ortsnecknamen Band 2

Von Leuten, die auf Käse reiten, einen Bach bescheißen, wie Füchse bellen

und viele andere unglaubliche Geschichten.

BREITENHOLZER
IGEL-VERLAG

Schwäbische Ortsnecknamen Band 2
Gesamtgestaltung und Illustrationen: Hans Anthon Wagner
Texte: Wolfgang Wulz
Gesamtherstellung: Breitenholzer IGEL-VERLAG
Printed in Germany

2. Auflage 1991

ISBN 3-9802434-5-1

Verlag und Autoren danken *den Gemeinde- und Stadtverwaltungen sowie den nachstehend Genannten für die informative Mitarbeit bei der Entstehung dieses Bandes der »Schwäbischen Ortsnecknamen«:*

Herbert Blum, Dätzingen; Gerhard Digel, Heimsheim; Julie u. Hermann Groß, Maichingen; Wilfried Groß, Lehenweiler; Ernst Haag, Waiblingen; Martin Hanselmann, Döffingen; Karl Heß, Böblingen; Lizzy Jungkunst, Neuweiler; Hanno Kluge, Dagersheim; Max Maier, Malmsheim; Eugen Mayer, Dagersheim; Erwin Moroff, Darmsheim; Hans Mozer, Dachtel; Arnd Rehn, Altdorf; Dr. Gustav Schöck, Stuttgart; Willy Schray, Flacht; Dr. Siegfried Schütz, Merklingen; Paul E. Schwarz, Steinenbronn; Sibylle Schweitzer, Dätzingen; Helmut Steegmüller, Magstadt.

Inhalt

Inhalt/Fortsetzung nächste Seite

Vorwort

Im Schwäbischen hat jeder Ort seinen Spitznamen. Dahinter stecken charakterliche Eigenheiten und »Mödele« der Bewohner, aber auch handfeste historische Geschehnisse, die mal zu teuflischer Schadenfreude, zu herzhaftem Lachen und gelegentlich auch zu einem kalten Schauer über den Rücken verleiten können. Mit Hingabe und Begeisterung haben wir in den vergangenen Jahren alte Aufzeichnungen durchforscht, Heimatkundler befragt und manchem Orts-Original Vergangenes entlockt. Die Essenz dieser oft detektivischen Arbeit fand sich zunächst im ersten Band der »Schwäbischen Ortsnecknamen«. Über 30 Geschichten – von den Herrenberger »Pflasterstoascheißer« bis zu den Wildberger »Kropfer« – haben landesweit ein überaus gutes Echo in Presse, Rundfunk, Fernsehen und bei den Lesern gefunden.

So war es nur ein logischer Schritt, hier anzuknüpfen und in 41 weiteren Kapiteln die Spitznamen-Historie der Orte rund um Böblingen, Sindelfingen, Leonberg und Weil der Stadt in bewährter Art mit spitzer Feder aufzuzeichnen. Unter dem Titel »Historische Neckereien« erschienen bereits mehrere Erzählungen aus dem Raum Sindelfingen und Böblingen als Vorabdruck in einer heimatgeschichtlichen Serie der »Sindelfinger Zeitung/Neue Kreisnachrichten«. Auch die »Leonberger Kreiszeitung« veröffentlichte unsere Anekdoten zu den Übernamen der Orte des Altkreises Leonberg. Beiden Tageszeitungen danken wir für die gute Koopera-

tion.
Besonders gefreut haben wir uns über die vielen anregenden Kommentare unserer Leserinnen und Leser. Das Urteil des Böblinger Landrats Dr. Heeb war sogar in der Zeitung abgedruckt: »Ich bin von der Qualität dieses Buches beeindruckt«, meinte er, lobte die Ausdauer der beiden Autoren, die diese bei ihrer umfangreichen Recherche bewiesen hätten, und fand, daß dieses humorvoll illustrierte Werk zu einem historisch-literarischen Streifzug besonderer Art einladen würde.

Diese Einladung geben wir gerne an Sie weiter und wünschen Ihnen viel Erbauung und Freude bei der Lektüre solch wahrer, aber doch oft unglaublicher Begebenheiten.

Im Februar 1991

Hans Anthon Wagner
Wolfgang Wulz

Geographische Übersichtskarte

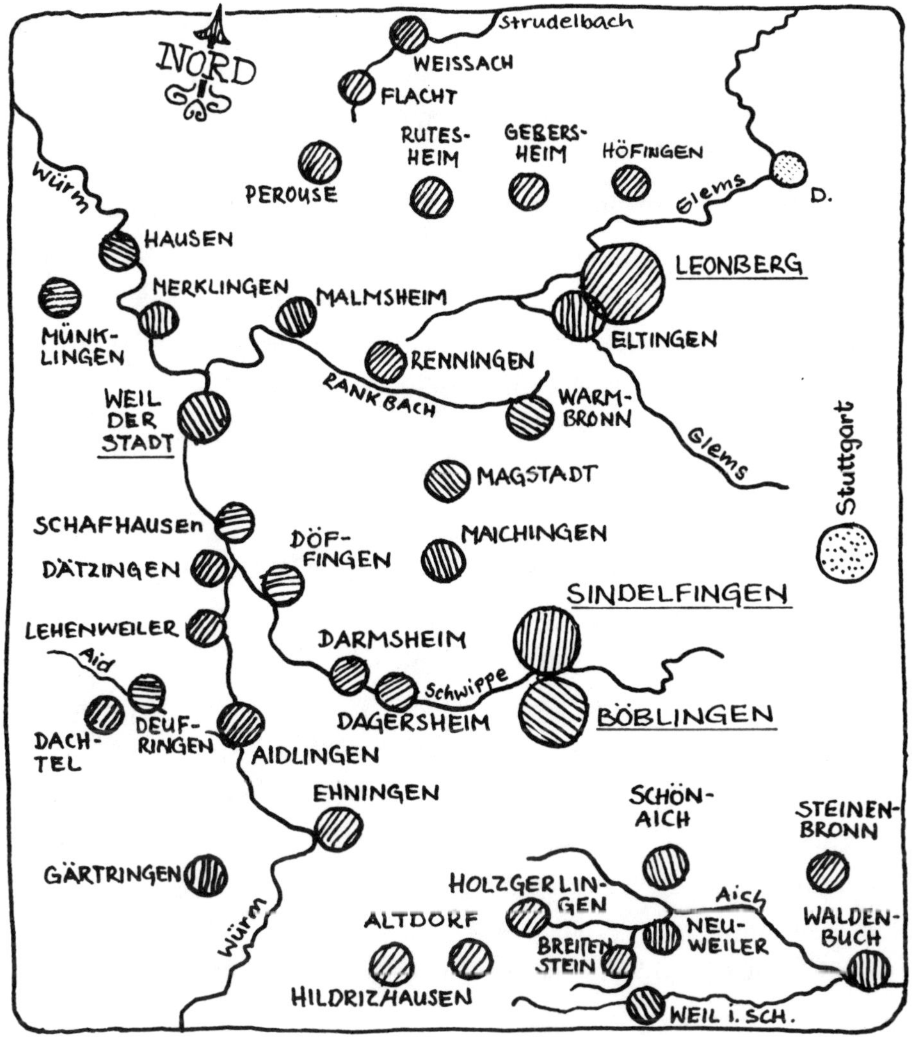

Die Aidlinger Bachscheißer

Mit ihrem ursprünglichen Necknamen »Stoabäuch« befinden sich die Aidlinger in einem er-lesenen Kreis Steine lesender Landsleute: Vom Neckartal mit seinen Niedernauer »Stoakrättler« und Besigheimer »Steibäuch«, über Schwarzwald und Gäu mit den Walddorfer »Stoarompler« und den Sulzer »Stoakrättle«, die Schwäbische Alb mit den Burgfeldener »Stoaleskratzer«, Bruckener »Stoibeiger«, Hülbener »Stoiriegel«, Ohnastettener »Stoiriegelesrutscher«, Gruorner »Stoiriegelesfutscher« und Westernheimer »Stoiböck«, bis zum Donau- und Illertal mit den Mündlinger »Stoipfälzer« und den Kirchdorfer »Stoibeißer« läßt sich dieser Strang von Übernamen verfolgen.

Acker- und Feldsteine waren früher in weiten Landstrichen Württembergs für die Bauern eine schlimme Plage: »Viel Steine gab's und wenig Brot!« Dieses geflügelte Wort prägte dort den Alltag, wo man nicht wie in fruchtbareren Gegenden nur den Samen in den fetten Grund streuen, sondern mühsam um jedes Stück Ackerkrume kämpfen mußte. So auch im Hecken- und Schlehengäu, rund um Aidlingen. Wer die heideähnliche Heckenlandschaft von »Steinig« oder »Besental« zur Kuppe des »Venusbergs« durchwandert und die landschaftliche Idylle genießt, weiß meist nicht, wie viele Schweißtropfen geflossen sind, bis die jetzt mit Schlehen und anderem Gedorn überwachsenen, altersgrauen »Steinriegel« entstanden waren. Die heute typische »Heckengäulandschaft«, als Naherholungsgebiet geschätzt, geht also auf die jahrzehnte- und jahrhundertelange Sisyphusarbeit des »Steinablesens« der Aidlinger Bauern zurück.

Schon der Chronist vergangener Zeiten hat notiert, daß zu Aidlingen »der Feldbau wegen des steinigen Bodens sehr beschwerlich« sei, daher auch – Mitte des letzten Jahrhunderts – »die neuen Pflüge noch keinen Eingang gefunden« hätten und der »gewöhnliche deutsche Pflug immer noch für den geeignetsten gehalten« werde; die steinigen Äcker waren also Hemmschuh für neue Agrartechnik und Ertragssteigerung: ein wahrer Teufelskreis! Nur der sprichwörtliche schwäbische Fleiß konnte das ausgleichen. Jahr für Jahr bewiesen ihn die Aidlinger auf's neue. So wie jener Landmann, der sich an einem Frühjahrstag sein vor kurzem gepflügtes Äckerle auf dem Venusberg vorgenommen hatte; es sollte wieder einmal von der Last der Steine befreit werden. In den Tagen davor hatte es stark geregnet, so daß besonders viele »Hekkestoaner« an die Oberfläche gewaschen worden waren. Furche für Furche bearbeitete er, mit der rechten Hand die Steine lesend, mit der linken die blaue Arbeitsschürze raffend, in die das Sammelgut geborgen wurde. Am Ende jeder Furche hatte sich so viel angesammelt, daß das feste Leinen fast zu bersten drohte. Gemächlich begab sich der Bauer dann zum nächsten Schlehenbusch und entleerte die Schürze. So schaffte er den ganzen Morgen, wobei er sein Tagwerk nur wenige Male kurz unterbrach, um einige kräftige Schlucke Most aus dem irdenen »Sutterkrug« zu nehmen. Es war gegen Mittag, da kam zufällig ein kleines Mädchen mit seiner Mutter des Weges, gerade als der müde Landwirt eine der letzten, prallgefüllten Schürzen, mit dem schweren Gang einer Hochschwangeren, zum Steinhaufen brachte. Fragenden Auges verfolgte das Kind das Geschehen: »Mudder, guck amol den dicke Bauch an, ja kriaget denn in Aidlinge au die Mannsbilder Kender?« Doch bevor die Mutter antworten konnte, war der Bauer an der Hecke angekommen und ließ die Steine aus der Schürze prasseln. Durch diese praktische Anschauung »aufgeklärt«, meinte die freche »Krott« – es soll eine kleine Lehenweilerin gewesen sein: »Kender kriaget se koine et, die Aidlinger, aber reachte Stoabäuch traget se oineweg vor sich her!«

Neben dem harmlosen Necknamen »Stoabäuch« steht ein weiterer, derb-duftiger Unname der Aidlinger in den Nachbarorten hoch im Kurs. Er ist folgendermaßen entstanden:

Bekanntlich fließt durch den Ortskern ein munterer Bach, die Aid. In früheren Zeiten trieb sie fünf Mühlen an und bildete damit einen nicht unerheblichen gewerblichen Faktor für den Ort. Vom hygienischen und gesundheitlichen Standpunkt aus waren die Häuser am Bach freilich schon immer ein Problem. Die Älteren erinnern sich noch gut an den ersten Aidlinger Landarzt, der die chronisch rheumatischen und bronchitischen Bewohner des Bachgrunds am liebsten durch eine Radikalkur geheilt und an die Hänge umgesiedelt hätte. Im damaligen Schultes fand er aber einen heftigen Widersacher; so blieb dem Arzt nur die oft geäußerte, resignierende Bemerkung: »Die Talbewohner husten mit ihrer »Bach-

Musik« (gemeint war der chronische Husten) dem Heiligen Florian so laut ins Ohr, daß der keinen Moment wegguckt; deshalb kann des alte Gelump' am Bach au net abbrenne.«
Doch gab es auch noch anderen Ärger mit den Aid-Anliegern: Viele bauten ihr Aborthäuschen an die dem Bach zugewandte Hausseite. So kamen sie zu einem von unten belüfteten, damit geruchfreien, kostenlosen Wasserklosett und mußten sich zudem nie um die lästige Leerung der »Grube« kümmern. Ganz hygienisch war dies trotzdem nicht, und so ist verständlich, daß sich auch der Schultes, vor allem zur Zeit des Mostens im Spätherbst, um die Gesundheit seiner Bürger sorgte. Das Wasser aus dem Bach benutzte man nämlich zum Reinigen von Mostpressen, -standen und -fässern. Rechtzeitig zu Beginn der Obsternte schickte der besorgte Schultes daher einmal den Büttel los, der folgendes ausschellte: »Ab morgen ist das Bescheißen des Baches verboten, weil das Mosten beginnt.« Gab das ein Hallo in den Nachbarflekken, als sich diese unverblümte Formulierung herumgesprochen hatte! Noch heute wird der Aidlinger Bürgermeister ab und an zur Zeit der Mosterei im Kollegenkreis listig gefragt, ob er schon seinen Büttel losgeschickt habe. Doch er kann's mit Humor verkraften, hat er doch dafür gesorgt, daß der letzte Aidlinger »Bachscheißer« schon vor zwei Jahrzehnten an die Kanalisation angeschlossen wurde.

Die Altdorfer Schnecke

In durchaus ehrenwerter Gesellschaft befinden sich die Altdorfer: in über 30 schwäbischen Gemeinden wird der Neckname »Schnecke« selten mit Ärger, meist mit großer Gelassenheit ertragen. In kaum einem der Orte gibt es eine individuelle Erklärung der Herkunft des Übernamens. So bleiben als der Weisheit letzter Schluß nur kollektive Deutungsvarianten. Die eine geht mehr ländlich-volkstümlich davon aus, daß die »Schnecke« eben in solchen Gebieten gehäuft auftreten, wo man früher Weinbau betrieben hat und unter der Schneckenplage in den Weinbergen besonders leiden mußte. Die andere, sprachwissenschaftliche Variante ist überzeugt, daß die Wurzeln für diese Neckerei viel früher – in fränkisch-alemannischer Zeit – anzusetzen sind. Nach Meinung von Karl Heß gilt dies vor allem für die Schnecken-Orte des Kreises Böblingen, nämlich Altdorf, Deufringen, Flacht, Hausen, Leonberg und Malmsheim. Der Heimatgeschichtsforscher und ehemalige Böblinger Landrat führt als Kronzeugen für diese Theorie den Tübinger Landeskundler Hans Jänichen an:

»Er hat festgestellt, daß es ein germanisches Wort ›snaka‹ gab, das einen Mantel bezeichnete. Und das germanische Volk der Franken, das um 500 die Alemannen besiegte und sie bald darauf ganz unter ihre Herrschaft brachte, diese Franken sollen besonders weite Mäntel gehabt haben. Der bevorzugte Kirchenheilige der Franken, Sankt Martin, soll ja mit seinem halben Mantel einen Bettler bekleidet haben. Und der Neckname ›Schnecken‹ wurde gerade an der für die Franken zur Aufrechterhaltung ihrer Herrschaft so wichtigen ›Rheinstraße‹ für die Bewohner verschiedener Dörfer gebraucht. Auch die Lage von Leonberg macht einen fränkischen Stützpunkt wahrscheinlich. Die Kapelle von Deufringen gehörte zur fränkischen Martinskirche in Gechingen, und die geradlinige Nord-Süd-Grenze der Markungen Aidlingen-Deufringen macht eine nachträgliche Trennung des letzteren von der älteren Siedlung Aidlingen wahrscheinlich.«

Man mag sich streiten, ob hinter dem Spitznamen nun ganz normale Weinbergschnecken, »Nacktschnecken« oder fränkische Mäntel stecken, eines bleibt unbezweifelbar: bis heute lebt in Altdorf und Umgebung der Übername weiter. Insbesondere die benachbarten Hausemer spotten über die angebliche Langsamkeit der Altdorfer und rühmen sich, daß sie selbst bei hohem Schnee schneller vorwärtskämen als jene »Schnecke« bei trockenem Wetter. Dies hätten sie damals bewiesen, als sie sich im tiefen Winter Kistenbretter unter die Füße gebunden und den Weg freigestampft hätten. Dafür würde man sie zwar jetzt »Schnaiträppler« heißen, aber das sei immer noch rühmlicher als »Schnecke«.

Auch von Seiten der Ehninger »Entebrüter« haben die Altdorfer einigen Spott einzustecken. Trotzdem soll es nie so weit wie in der Natur gekommen sein, wo die »Ente« ja mit Vergnügen die »Schnecke« im Salatbeet fressen. Bei so viel Spötterei wundert es, wenn die Altdorfer dies langmütig ertragen. Aber sie können viel schlucken, wie einmal ein Schullehrer um die Jahrhundertwende notierte: »Die hent an Mage wie a Guetsschuier!« Vielleicht bleiben die Altdorfer so gelassen, weil sie auf ihren alten Ort und seine Geschichte stolz sein können. Immerhin besaß der Flecken früher eine Burg, Sitz der Herren von Altdorf; das alte Pfarrhaus steht auf den herrschaftlichen Grundmauern und wird deswegen heute noch »Burg« oder »Bürg« genannt.

Noch eine andere Besonderheit können die Altdorfer aufweisen. Ein Ortsteil, unten an der Holzgerlinger Straße, wird von alters her als »Paris« bezeichnet. Die Herkunft dieses Necknamens liegt freilich im Ungewissen. Manche sagen, er bezöge sich spöttisch auf die Armut der früheren Anwohner, andere meinen, die »Pariser« hätten sich für besser und klüger gehalten als die übrigen Altdorfer, so nach dem Motto: »Der siehts dr Kuh am Euter a, was en Paris dr Butter

koschtet.« Auf jeden Fall wurde mit den beiden Spitznamen so mancher Witz gemacht. Ein auswärtiger Freier schrieb einst eine Ansichtskarte an sein Altdorfer Schätzle mit folgender Anschrift:

An
Frieda Schneck
P a r i s

Die Karte kam in der Holzgerlinger Straße an, und die Adressatin – übrigens »a goldige Schneck, echt wohr« – soll sich nicht geärgert, sondern sogar gefreut haben. So weit, so gut, eines steht fest: eine Reise nach Altdorf in den Schönbuch lohnt sich; denn dort kann man auf das treffen, wofür viele in die Ferne schweifen: Echte »Pariser Schnecke!«

Die Böblinger Bäre

BB ist und bleibt ein Markenzeichen, das für Qualität spricht. Das Kürzel steht freilich nicht nur für Stadt und Kreis Böblingen, wo es die hierzulande oder anderswo hergestellten Automobile schmückt. Auch für die Kenner des französischen Films oder für die deutschen Tennisfans hat B. B. (= Brigitte Bardot bzw. Boris Becker) einen hervorragenden Klang. Daß sich hinter diesem Kennzeichen aber noch ein Neckname verbirgt, wird auch alte Böblinger in Erstaunen versetzen. Wie es dazu kam, darüber berichtet die folgende Geschichte, die Eberhard Benz in Ehningen draußen hat erzählen hören:

»In alten Zeiten hatten die Herzöge von Württemberg auf ihrem Schloß zu Böblingen einen Bärenzwinger, und jedermann, sei er vom fürstlichen Hof oder aus der Bürgerschaft der Stadt, mochte seine Lust an den munteren Gesellen haben, die ihren Wandel im Schloßgraben und im Stadtgraben vom Oberen Tor bis zum Grafenhaus hatten und allda ihr Wesen trieben mit Purzeln und Klettern und allerhand Kurzweil.

Nun war aber auf dem Schloß ein runder, dicker Treppenturm, der seinen Anfang im Bärengraben hatte, und in dem man zu den Gemächern des Schlosses gelangen konnte. Im oberen Stockwerk befand sich einst der große Löwensaal, der herrlich ausgeschmückt und mit glänzenden Spiegeln und silbernen Leuchtern geziert war.

In diesem Saal fand einmal zu Zeiten des Herzogs Carl, der vor etwa zweihundert Jahren gelebt hat, an einem milden Herbstabend ein festlicher Ball statt. Die Damen und Herren des Stuttgarter Hofes, die in diesen Tagen zu fröhlicher Jagd in den weiten Wäldern des Schönbuchs auf dem Böblinger Schloß weilten, vernügten sich bei rauschender Musik mit Lachen und Scherzen und zierlichen Tänzen, wie es eben dazumal Brauch gewesen ist. Nun war aber in jenen Jahren im Zwinger ein alter, starker Bär, der allemal in grimme Wut versetzt wurde, wenn er die hellen Klänge

eines Waldhorns vernahm. Und da bei dem besagten Fest auch dann und wann ein paar Takte Waldhornmusik durch die offenen Fenster des Saals entwichen, so geschah folgendes:
Mitten in einem anmutigen Reigen der Abendgesellschaft stürzte plötzlich der Türsteher in den Saal und rief schreckensbleich: »Der alte Bär ist los! Rette sich, wer kann!« Das wilde Tier hatte nämlich die Waldhornrufe aus der Festmusik vernommen und war durch die zufällig offen stehende eiserne Tür des Treppenturms in diesen gelangt. Er versuchte nun, in den Festsaal einzudringen und auf den Hornisten loszugehen. Der Turm barg nun aber die einzige Zugangstreppe zum Saale, so daß niemand dem wutentbrannten Bären hätte entfliehen können. Schreiend drängten sich die Damen in die äußersten Ecken des Saales, und mancher der Kavaliere ward schreckensbleich, denn sie hatten alle vor dem Tanz ihre Degen abgelegt. Da riß der Herzog selbst geistesgegenwärtig dem zitternden Türhüter die Hellebarde aus der Hand, um sich dem Tier entgegenzuwerfen. In diesem Moment drängte sich ein kecker Page, ein Junker von Gemmingen, eine flammende Pechfackel in der Hand, zwischen den Herzog und den Bären und fuhr dem Tier mit dem Feuerbrand ein paarmal kräftig über die Schnauze. So trieb er die Bestie allmählich in ihren Zwinger zurück und schloß sie dort ein. Als der mutige Knappe wieder in den Tanzsaal zurückkehrte, da waren die Lich-

ter erloschen, das Fest war abgebrochen.«
Hatte die Festgesellschaft nur den Spaß am Feiern verloren, so war dem Carl-Herzog der Schrecken viel tiefer in die Knochen gefahren. So tief, daß er die Bärenhaltung im Böblinger Schloßgraben umgehend abschaffen ließ. Und das wollte etwas heißen, hatte doch die »Bärenstiftung« schon seit den Zeiten Herzog Christophs bestanden und war dem Haus Württemberg sehr am Herzen gelegen. Davon zeugen verschiedene Berichte, unter anderem über die Krankheiten der Bären und deren Behandlung oder über die Zucht junger Tiere, die der Landesherr befreundeten Fürstenhäusern als standesgemäßes Geschenk zukommen zu lassen pflegte. Herzog Carl räumte mit diesem Luxus also auf und widmete die Stiftung um zu einer Art von »Sozialhilfefonds«. Wenn also das Geld, das bis dato für die Aufzucht und Fütterung von Bären verwendet worden war, nun den ärmeren Familien Böblingens zugute kam, dann war es nur noch ein kleiner Schritt, daß von dieser Zeit an die Böblinger insgesamt von den umliegenden Dörfern als »Beblenger Bäre« gehänselt wurden.

Die Böblinger Pfanneflicker

Die Bedeutung Böblingens als Zentrum der Region wird nicht nur anhand der hier ansässigen Verwaltungseinrichtungen und Wirtschaftsbetriebe, sondern auch an der Vielzahl der Necknamen deutlich, mit denen die Bewohner der Kreisstadt belegt werden. Neben den bekanntesten wie »Pfanneflicker« und »Bäre« tauchen in den Überlieferungen noch die Spitznamen »Kaffeebomberle«, »Kohlrabekipf«, »Kröpf« und »Scherbe« auf. Für die zuletzt genannten »Aonäme« wird heute jeder Böblinger die Verantwortung leugnen, genauso wie für den Spottnamen, der nach der Aufzeichnung eines Schulmeisters aus dem Jahr 1900 »hier nicht genannt werden kann, da er in gemeiner Weise einen weiblichen Körperteil bezeichnet«. Und einer, der das Gegenteil beweisen möchte, hat es schwer, denn außer Gerüchten gibt es keinerlei Anhaltspunkte.

Bleiben wir also bei den historisch hieb- und stichfesten Quellen!

Der Übername »Pfanneflicker« geht nachweisbar auf eine jahrhundertealte Böblinger Besonderheit zurück. Am 28. Mai 1554 hatte Herzog Christoph von Württemberg dem Gewerbe der Keßler, Spengler und Kupferschmiede ein Privileg ausgestellt, in dem diesem Handwerk das Recht zugestanden wurde, an einem bestimmten Tag in einer der württembergischen Amtsstädte

ihren Jahrestag mit eigenem Zunftgericht abzuhalten. Seit unvordenklichen Zeiten wurde dieser Zunfttag in Böblingen abgehalten, und zwar nach folgenden Regeln:
Jeweils am 15. Juni trafen sich die Keßlermeister aus dem ganzen Lande im Gasthof Adler. Dort in der Zunftstube stand das Jahr über die »Zunftlade«, eine hölzerne, mit dem Zunftzeichen versehene Truhe. In ihr verwahrte man das herzogliche Privileg, die Zunftordnung, die Mitgliederliste und die Zunftkasse. Der Festtag begann mit einem feierlichen Zug; begleitet vom Spiel des Keßlermarsches, begaben sich die Meister mit der Zunftlade und mit dem von ihnen mehrheitlich gewählten Zunftgericht (ein Schultheiß, ein Rechner und vier Beisitzer gehörten dazu) zum Böblinger Rathaus. Vor der offenen Lade wurden sodann im Ratssaal die Händel und Beschwerden verhandelt, aber auch verschiedene, für die Zunft wichtige Absprachen getroffen. Nach der Sitzung zogen die Keßler wieder zum »Adler« zurück, wo man zum gemütlichen Teil überzugehen pflegte. Dies alles zeugt von einer wohllöblichen und ehrenhaften Zunft.
Vom Keßlerhandwerk ist auch im 1568 erschienenen deutschen Ständebuch des Holzschnitzers Jost Ammann und des Nürnberger Schuhmachers und Poeten Hans Sachs die Rede:

»Ich mach auf hohe Türm die Knöpf, Eimer, darauf man Brunnen schöpft, Badkessel, Trög und die Badewannen, Feuerkuffen (=

Bottich), *Braukessel, Pfannen, Klein und groß Kessel zum Waschen, Hellhäfen* (= Ofenkessel), *Kühlkessel und Weinflaschen, Fleischscheffel* (= Zuber), *Spülnäpfe, Wasserstütz* (= Becher), *Brennhüt* (= Helm eines Gefäßes) *zum Wasser* (= Schnaps) *brennen nütz.*«

Wie konnte es nun kommen, daß die ehrbaren Keßler zu »Pfanneflicker« absinken konnten und diese Bezeichnung gar zu einem Necknamen wurde? Dies liegt vor allem daran, daß die Keßler von den Leuten im Laufe der Jahrhunderte mehr und mehr in einen Topf mit fahrenden Händlern und Hausierern geworfen wurden. Denn aufgrund der großen Konkurrenz stiegen mit der Industrialisierung viele Zunftmeister sozial ab und mußten sich mit Ausbesserungsarbeiten (Pfannen- und Kesselflicken) oder sogar mit Hausieren ihren Lebensunterhalt verdienen. Aber auch schon vor der industriellen Revolution war die Zunft offenbar von weniger seriösen Mitgliedern unterwandert, wie eine alte Aufzeichnung vom Böblinger Zunfttag berichtet:

»Freilich endet die Lustbarkeit oftmals mit Händeln und Schlägereien, so daß mancher den Rückweg zwar mit leerem Beutel, aber mit blutigem Kopfe antritt. Viele sind, als rauhe Söhne der Natur, von ziemlich unruhiger und unfriedlicher Gemütsart. Doch befinden sich auch recht ordentliche, bescheidene und sittsame Leute unter ihnen. Obgleich die meisten arm sind und ihr Hab und Gut in ihrem Schnupftuch bei sich tragen, so besitzen doch einige Haus und Güter.«

Am Keßlertag vereinigte wohl alle, redliche und weniger redliche, ärmere und wohlhabende Zünftige die ausgelassene Stimmung. Mancher Unfug, den sie beim Heimweg durch die Böblinger Nachbarorte angestellt hatten, wurde später jedoch den gastgebenden Amtsstädtern angerechnet. Und wenn es irgendwo im Umkreis recht hoch herging, hieß es alsbald: »Do gohts zua, wia bei de Beblenger Pfanneflikker!«

Die Breitensteiner Gockeler

Das liebe Federvieh zeigt, wie die Tiere allgemein, bestimmte beobachtbare Verhaltensweisen. Daraus abgeleitet werden vom Menschen den Tieren gewisse menschliche Eigenschaften und Charakterzüge unterstellt. Und wenn dann zum Beispiel die Bewohner eines Dorfes wiederum entsprechend typische Züge an den Tag legen, ist der Umkehrschluß rasch gezogen: »Die Breitensteiner send grad so wie zwee Gockeler, die uf dr Mischte an anander nuffsprenget!«

Tröstlich für die so Charakterisierten, daß es ja im Böblinger Land noch zahlreiche andere Dörfer und Städte gibt, wo man sich mit Geflügel vergleichen lassen muß. Die Renninger »Schnaigees«, die Holzgerlinger »Eule ond Krabbe« und nicht zuletzt die Neuweiler »Heahr« können davon ein Lied singen. Und bei letzteren haben die Breitensteiner – selbstredend nur im normalen Rahmen eines nachbarschaftlichen und neckischen Hin und Her – kräftig dazu beigetragen, den Spottnamen nicht in Vergessenheit geraten zu lassen.

Abgesehen von den oben kurz erwähnten charakterlichen Bezügen, auf die wir später noch genauer eingehen werden, hat der Breitensteiner Neckname zweifellos auch historische Ursachen. In der Oberamtsbeschreibung wird schon 1850 hervorgehoben: »Die Zucht der Hühner war nicht unbedeutend.« Und daß man zu diesem Zwecke kräftige und gesunde »Gockeler« brauchte, hat in Breitenstein seit jeher niemand bestritten. Das taten höchstens die Neuweiler, denen man nachsagte, sie hätten früher ausschließlich Hühner gehalten, weil sie Hähne als unnötige Fresser ohne großen Nutzen einschätzten; eine Auffassung, die unter anderem auch als Grund für ihren Spitznamen »Heahr« (= Hühner) angeführt wird.

Doch zurück zu den »Gockeler«. Viele Geschichten ranken sich um dieses Tier, es regte die Phantasie der Breitensteiner schon immer an. Einige meinen, die folgende Geschichte, die man sich von zwei alten schwäbischen Bauern erzählt, wäre hier im Flecken passiert:

»Dr Fritz und dr Jerg waren zwei ganz ›Oigene‹«. Eine enge Freundschaft verband sie. Viele Stunden verbrachten sie gemeinsam im Wirtshaus. Zu später Stunde, bereits vom Bechern etwas benebelt, kamen sie häufig ins Philosophieren. Besonders beschäftigte sie auch die Frage nach dem Jenseits. Fritz, er war an allen Dingen sehr interessiert, hatte eines Tages etwas über die Seelenwanderung gehört, und folglich spekulierten die Kameraden dann und wann über die Frage, welche Gestalt sie nach dem Tode wohl am liebsten annehmen würden. Der Jerg wußte es ganz sicher: »I werd e Gockeler, e Gockeler ischt oifach was Prächtigs!« Der Fritz überlegte kurz und meinte dann: »Ond i werd e Gaul, e Gaul stellt halt was dar!« So trieben sie es noch oft, bis eines schönen Tages der Jerg seinen letzten Weg gehen mußte. Auch nach dem Tod des Freundes behielt der Hinterbliebene seine alte Gewohnheit bei, ins Wirtshaus zu sitzen. Als er wieder einmal im Morgengrauen gut angesäuselt heimschwankte und am Hof seines ehemaligen Saufkumpanen vorbeikam, krähte dort auf der Miste der Gockeler. Eingedenk der vergangenen Debatten fuhr der späte Heimkehrer zunächst erschreckt zusammen, rief dann aber geistesgegenwärtig: »Du

kannscht schreie, so laut du willscht, Jerg, i komm no net!«

Während die soeben geschilderte Geschichte eher sagenhaften Charakter hat, geschah in Breitenstein erst in allerjüngster Zeit etwas, was man wegen seiner Aktualität und Brisanz besser in der verschlüsselten Form der Fabel erzählt: »In einem etwas abseits der Hauptstraßen, am Rand eines großen Waldes gelegenen Hühnerhof standen eines Tages Neuwahlen im »Hofrat« an. Den alten »Obergockeler« hatte unerwartet das Zeitliche gesegnet. So mußten die Ratsmitglieder der verschiedenen Gruppen, je nach Gefieder weiße, schwarze, rotbraune und gefleckte, überlegen, wen sie zum Nachfolger küren wollten. Einer von den gefleckten Hähnen hatte sich schon jahrelang stark profiliert. Keinem Streit war er aus dem Wege gegangen. Ganz nach dem Geschmack des Federviehs war es gewesen, wenn er sich dem Kampf mit dem Gockeler-Häuptling aus dem benachbarten Zentral-Weil(er) gestellt hatte. Wie waren da die Federn geflogen! Mit der höchsten Stimmenzahl hatte ihn daher das dankbare Stimmvieh in den »Hofrat« gewählt. So rechnete er sich bei der nun überraschend anstehenden Kür des »Obergockelers« die besten Chancen aus, zumal er bisher als »Vize« gedient hatte. Doch es kam im Hühnerhof so wie bei den Menschen: Der Favorit fühlte sich zu sicher, er hatte nicht mit dem Ehrgeiz eines dynamischen Jung-Gockelers gerechnet. Obwohl dieser nicht einmal ein Einheimischer, sondern nur

ein Eingeheirateteter war, überzeugte er mit seinem Charme die Mehrheit des Ratsgremiums, daß nicht der streitbare Kampfhahn, sondern er der geeignetste Obergockeler sei.«
Nun weiß jeder, daß es »koa Gokkeler gern hot, wenn a fremder uf seim Mischt schärret«; doch der unterlegene Kandidat mußte das Ergebnis notgedrungen schlukken in einer Zeit, wo man sich nicht allein mehr bei den »Gockeler«, sondern sogar schon bei den Menschen in Demokratie übte.

Die Dachteler Füchs

Wanderer kommst du nach Calw ... und fragst den Städter nach Dachtel, hörst du auf schwäbisch die Antwort: »Was wellet Se no au do hente driebe, wo sich d'Füchs' ond d'Hase Guatnacht saget?« – Treffender kann man die Lage dieses kleinen Fleckens im »Verkehrsschatten« nicht ausdrücken als jener Calwer. Früher zum dortigen Oberamt gehörend, heute nach Aidlingen eingemeindet und damit in den Kreis Böblingen überführt, mußte Dachtel schon immer mit seiner Randlage zurechtkommen. Nicht alle sehen dies als Nachteil an. Geschätzt wurden schon früher die Vorteile der Grenzfunktion zwischen Heckengäu und Schwarzwald. Sinnlich wahrzunehmen ist dies an schönen Tagen auf dem südwestlich des Ortes gelegenen »Höhnle«. Dort kann man ein herrliches Panorama genießen, das vom Schwarzwald über den Schönbuch bis zur Schwäbischen Alb reicht. Es soll ferner auch noch keinem der Dachteler »Jungfüchse« geschadet haben, wenn er ein paar Minuten früher aufstehen mußte als die Deufringer »Jungschnecken«, um den Schulbus zu den weiterführenden Lehranstalten in Aidlingen oder gar auf dem Sindelfinger Goldberg zu erreichen. Die ungewöhnlich hohe Zahl von Gymnasiasten aus diesem Örtchen läßt sogar vermuten, daß vielleicht doch etwas an dem Gerücht ist, die »Dochtlemer« hätten sich eine Scheibe mehr als andere von der vielgepriesenen Schlauheit der Füchse abgeschnitten. Bewiesen ist jedenfalls: In Dachtel haben die Einwohner immer, auch in den schlechten Zeiten des letzten Jahrhunderts, so viel Bauernschläue besessen, daß selbst der Ärmste noch Grundbesitz hatte und – so betont der Chronist – nicht eine einzige Familie der Unterstützung aus der Armenkasse bedurfte.

»Füchse« heißen die Dachteler auch deswegen, weil sich auf ihrer Markung in früheren Zeiten »Gevatter Reinekes« in großer Zahl tummelten. Darauf wird gemeinhin der Name des Gewanns »Foggental« zurückgeführt. Der Schwanz des Fuchses, in der Fachsprache »Voge«, hat hier wohl Pate gestanden. Möglich ist aber auch eine Sprachverwandtschaft mit »Vohe« oder »Fohe«, dem auf germanische Wurzeln zurückgehenden Begriff für die Füchsin (vgl. auch das englische »fox«).

Es »fuchst« die Dachteler aber gewaltig, wenn man noch andere Deutungen ihres Necknames ins Feld führt. So die Behauptung, es gebe bei ihnen nicht nur viele Schlaue, sondern auch viele Rothaarige, im Volksmund »Rotfüchsle« geheißen. »Fuchsteufelswild« werden sie gegen jeden, der es wagt, die stolz beanspruchte Schlauheit als Verschlagenheit zu brandmarken. So sollte man sich's in Dachtel zweimal überlegen, ob man dort die gängige Redewendung benutzt, falls der Gipser oder Maler seine am Bau geleistete Arbeit zu großzügig abmißt: »Des hat dr Fuchs g'messe

ond sein Schwanz drzugebe.«
In Dachtel schon vergessen ist jene Anekdote, die von einem Ereignis erzählt, das weit zurückliegt.
Auf dem viereckigen, ziemlich hohen Turm der in der Ortsmitte gelegenen, in sehr einfachem Stil erbauten Pfarrkirche hingen damals zwei in Ludwigsburg vom Meister Neubert gegossene Glokken. Sie waren der ganze Stolz des Mesners. Hingebungsvoll waltete er seines Amtes, wenn werktags die große Glocke und sonntags zudem das kleine Glöcklein zum Klingen gebracht werden mußten. Die Gemeindeglieder nahmen diesen wichtigen Dienst kaum wahr, geschweige denn, daß sie erkannten, in welch vielfältige, taktliche und rhythmische Variationen der brave Mesner den schlichten Zweiklang Sonntag für Sonntag zu bringen pflegte. Allein seinen Ohren tat es weh, falls er die Glockenseile einmal zu wenig einfühlsam gezogen hatte. An einem Weihnachtstag, es war ein eiskalter Winter, beflügelte den »Glockenspieler« eine besonders frohe Stimmung. Zur höheren Ehre Gottes wollte er aus den Glocken alles herausholen. Dabei griff er derart in die Seile, daß ein mächtiger Sprung in das eiskalte Metall der großen Glocke riß. Erschreckt schaute der Mesner und mit ihm das ganze Dachteler Kirchenvolk zum Turm hoch, aus dem neben dem hellen Klang der kleinen Glocke nur noch ein unschöner Ton zu vernehmen war.
In weiterer Entfernung hörte sich nun das Morgen-, Mittag- und

Abendläuten der Dachteler Kirche wie ein heiseres undefinierbares Geräusch an. Sobald es ertönte, riefen schon die jüngsten Deufringer »Schnecke«: »Horch no, wie die Dochtlemer Füchs wieder bellet!«

Die Dagersheimer Schlapphüat

»Auf Gesellen, greift zur Axt!« singt Peter Michailow, der unerkannte Zar, das frische Zimmermannslied in der Oper »Zar und Zimmermann« von Albert Lortzing. Und wie in diesem Vers heißt es auch heute noch allmorgendlich in Dagersheim, wenn die Zimmerleute der ortsansässigen Zimmereien und Sägewerke ihr Geschäft beginnen. Das hat Tradition in »Dagersche«, wo es schon immer überdurchschnittlich viele Männer gegeben hat, die das Zimmerhandwerk erlernten. Sie sorgten nicht nur in den einheimischen Betrieben, sondern auch in vielen Unternehmen der Umgebung dafür, daß dieses ehrbare Handwerk fachkundig ausgeübt wurde. Markenzeichen der Zimmerleute war und ist die traditionelle »Spohnkluft«, zu der die zweireihige Weste mit Perlmuttknöpfen, bei feierlichen Anlässen auch das Zunfthemd mit Stehkragen und eingelegten Falten – »Staude« genannt – genauso gehören wie die bis zur »Zunftschlagweite« von 65 cm ausgestellten Hosen aus geriffeltem Samt. Stolz und Zierde eines jeden Zimmermanns aber ist der schwarze »Schlapphut« aus Wollfilzstumpen mit bis zu 12 cm breitem Rand. Derart zünftig ausgestattet, fielen die »Dagerscher« Zimmerer natürlich überall auf. Vor allem wenn sie massiert auftraten wie auf dem Zimmereiplatz am Ortsausgang Richtung Darmsheim, konnte der auswärtige Reisende schon von weitem das geschäftige Auf und Ab der »Schlapphüat« beobachten. Nicht weniger geschäftig waren die »Zünftigen« auch in den Wirtschaften.

Wer ordentlich und fleißig schafft, der bekommt natürlich auch Durst, und wer wollte es ihnen denn verdenken, daß die »Schlapphüat« diesen nach Feierabend auch kräftig löschten.

So manche »hent no nach oiner Stond vergesse, was se schwätze sollet«, erinnert sich ein alter Dagersheimer Zimmermeister. Und des öfteren war rasch ein Streit vom Zaun gebrochen, bei dem die »Schlapphüat« flogen und ab und an auch ein zünftiges, wappenverziertes Koppelschloß mit dem sinnigen Spruch »Hoch die Zimmererzunft« auf einem zufällig im Wege stehenden »Darmsemer Milchkopf« unsanft landen konnte.

Höhepunkte im Zimmermannsleben aber sind auch heute noch die Richtfeste. Ein erhabener Moment ist es auch für jeden Bauherrn und Architekten, wenn der Zimmerermeister auf dem First steht, den Richtspruch deklamiert und schließlich das geleerte Glas in die Tiefe schleudert. Nur selten wird die Würde dieses Moments gestört, wie etwa damals, als der Glasbecher aus Versehen zunächst auf dem großen Zeh des Bauherrn und dann erst – völlig unversehrt – auf dem Boden landete, so daß die glückbringende Szene nochmals wiederholt werden mußte. Teuer zu stehen kann dem Bauherrn auch die Nachfeier kommen, die in den Dagersheimer Wirtschaften »Krone«, »Hirsch« oder »Waldhorn« stattzufinden pflegte. Hier ging es ganz traditionsbewußt zu, und jeder, der es einmal erleben durfte, erinnert sich gerne an den »Zimmermannsklatsch«, der in Zweier-, Dreier- und Vierergruppen einfach und doppelt vollzogen wurde. Bei besonders guter Stimmung »schallerten« (= sangen) die Handwerker auch noch

etliche Zunft- und Volkslieder.
Es gibt im übrigen kaum mehr ein Handwerk, das heute noch in so überlieferten Formen lebt wie das Zimmererhandwerk. In verschiedenen »Bruderschaften« organisiert, gehen immer noch Jahr für Jahr viele junge Bauhandwerker auf die »Walz«. Mit ihrem Manneswort müssen die Gesellen bei der »Erwandern« (= Fremdschreiben) genannten Zeremonie geloben, ihrem Heimatort im Umkreis von 60 Kilometern drei Jahre und einen Tag fernzubleiben und als »fremder Bruder« rechtschaffen die Welt zu bereisen. Zum Abschluß des »Erwanderns« wird dem frischgebackenen »fremden Bruder« die »Jungferntrudel« verabreicht, d. h. er wird rücklings auf der Trudel, einem wellholzähnlichen Gerät, hin- und hergeschoben. Dann zieht der Geselle in Kluft mit »Stenz« (= Wanderstab), die Stoßaxt, das Winkel- und Stemmeisen im Bündel, auf die Wanderschaft, bis er nach drei Jahren bei der Feier des »Einheimischwerdens« in die Reihe der »einheimischen Brüder« aufgenommen wird.
Zwar ist die Wanderschaft bei den Dagersheimern derzeit nicht mehr in dieser Form üblich, doch immer wieder klopfen »fremde Brüder« an die Tür der »Krauter« (= Meister), bleiben für eine Nacht oder »schanigeln« (= arbeiten) auch einige Zeit mit. Vor Jahrzehnten ging man auch noch von »Dagersche« auf die »Walz«. So jener »Schlapphuat«, der wegen einer Liebschaft »mit Folgen« das Weite gesucht hatte und vor dem ersten Weltkrieg als Zimmermann

in die Dienste des russischen Zaren getreten war. Er kehrte ebensowenig aus den Weiten Rußlands zurück wie 40 Jahre später jener Dagersheimer Zimmerer, der nicht an der Front, sondern als Kriegsgefangener beim Bau eines Hauses in Odessa vom Gerüst zu Tode gefallen ist.

Gottseidank brachte die Nachkriegszeit mit ihrem Bauboom weniger stürmische Zeiten, in denen die Dagersheimer ihre Kopfbedeckungen nicht so weit ins Gesicht ziehen mußten. Doch wer weiß, ob sie »de barbarische Ranft om de Schlapphuat« nicht wieder einmal brauchen werden, wenn ihnen Wind und Wetter um die Ohren pfeifen.

Die Darmsheimer Milchköpf

»Wir leben hier am Schwippestrand, Milchköpfe wurden wir einst genannt.«

Nicht nur einst, wie es in diesen Versen heißt, sondern auch heute noch gelten die Darmsheimer als »reachte Milchköpf«. Dies wird jedem, der danach fragt, in und um »Darmse« bestätigt. Wo die Wurzeln dieses Necknamens jedoch liegen, davon kann kaum einer der Zeitgenossen mehr erzählen. Da muß man schon auf einen wie Erwin Moroff stoßen, im Sindelfinger Land als Schneidermeister, singender Briefträger, Alt-Gemeinderat und Buchautor bestens bekannt.

»Viel Milch muscht du trenke, nao kriagscht rote Backe!« ermahnte ihn einst die Großmutter beinahe täglich. Und da alle Darmsheimer Mütter und Großmütter aufs Milchtrinken ganz besonderen Wert legten, wuchsen dort in den vergangenen Jahrhunderten auffällig viele gesund und blühend aussehende Mädchen und Buben heran. So ist manchem der Alten noch ein besonders prächtiges »Milchkopf«-Exemplar lebhaft im Gedächtnis: Die Schulerbuben hatten einen »Heide«-Respekt vor diesem großen, breitschultrigen, gesund aussehenden Mann, der mit »ame Kopf wie a Hommel« (= Stier) gesegnet war. Selbst der frechste Lausbub hielt sich in dessen Gegenwart zurück, am besten ging man ihm aus dem Weg, um ja »koine an d'Batterie nazkriege«. Eigentlich war »dr Matheis« – so hieß jener legendäre »Darmsemer Milchkopf« – gutmütig, man durfte ihn nur nicht reizen. Neben seiner Landwirtschaft stand er als »Molker« im Dienste der Molkereigenossenschaft, befand sich also für einen »Milchkopf« geradezu an der Quelle der Seligkeit. Hart arbeiten mußte er freilich in der »Molke«, die Milch morgens und abends sammeln und wiegen, die Kannen aufs

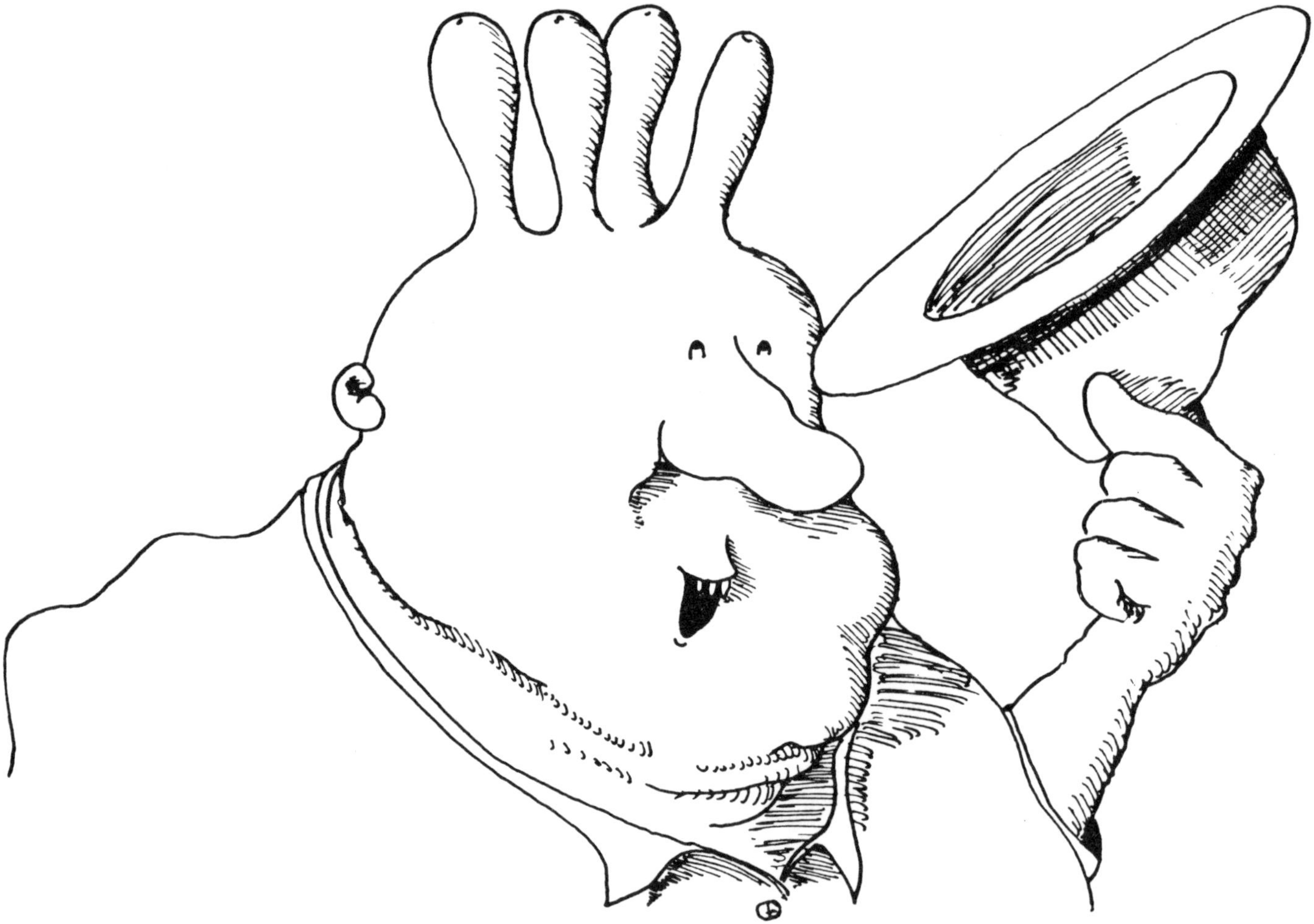

Pferdefuhrwerk laden, täglich nach Böblingen ins Milchwerk fahren und die leeren »Fläsche« wieder auswaschen. Viele Schweißtropfen sind dabei geflossen, und der »Molker« hat seinen Durst nicht nur mit Milch, sondern nach getaner Arbeit oft auch beim »Keenich«-Wirt in der Brauereigaststätte mit einigen Krügen Bier und manchem Becher Wein gelöscht.

Besonderes Geschick zeigte der tüchtige Matheis beim Buttermachen. In den ersten Jahren des Weltkriegs 1914 – 1918 machte er sich bei der Darmsheimer Bevölkerung unentbehrlich, denn er schaffte es, sie mit dem wertvollen Fett zu versorgen, bis im Hungerjahr 1916 auch die Süßbutterproduktion eingestellt werden mußte. Gleich nach dem Krieg gab es dann mindestens einmal wöchentlich Butter à la Matheis. Sie war so schmackhaft, daß die Kunden bis aus Baden-Baden anreisten, um ein paar Pfund davon zu bekommen. So tüchtig wie beim Buttern »arbeitete« der Molker freilich auch in seiner Stammwirtschaft, dem »König«. Und wenn er ab und an einen über den Durst getrunken hatte, dann wurden seine roten Backen noch röter und sein »Mollekopf« noch größer als sonst. In solchen Momenten konnte er auch ungemütlich werden, so daß es keiner mehr als leeres Gerede abtun durfte, wenn er drohte: »Was witt denn du, du Ohnmachtsbachel, wenn dirs net paßt, heb i di mit oiner Hand zom Fenschter naus, ond wenn dirs nao no net langet, no laß i di plotze!«

Für die jungen Burschen, die sich damals erst mit 18 oder 19 Jahren zum ersten Mal ins Wirtshaus trauten, bildeten die zahlreichen, deftigen Sprüche des Molkers natürlich eine hochinteressante Unterhaltung.

Im Umgang mit seinen Mitmenschen gab er sich »gradraus« und wenig zimperlich, genau so war auch sein Verhältnis zum Tod. Noch viele »Darmsemer« erinnern sich an den Ausspruch, den er oft als Krönung langer Erörterungen zu den »letzten Dingen« zum besten gab: »Wenn i amol stirb, nao braucht mr koin Leichezug, do machet ihr bloß a Rutsche an mei Haus na.« Womit er auf die Lage seines Hauses anspielte, das direkt an der Friedhofsmauer stand.

Entgegen dieser Ankündigung gab es bei seinem Tod dann doch eine richtige »Leich« mit allem Drum und Dran. Und jedem »Darmsemer« war seinerzeit eines klar: Man trug zwar nicht den letzten, aber sicherlich den gewichtigsten Milchkopf, sozusagen den »Prototyp« aller »Milchköpfe«, zu Grabe.

Die Dätzinger Kreuzblitz

In unseren heutigen, durch gelockerte Sprachsitten abgestumpften Ohren klingt der Dätzinger Neckname eher harmlos. Wenn sie von den Nachbarn als »Kreuzblitz« verunglimpft wurden, hat es aber noch vor fünfzig oder hundert Jahren in den Ohren der Dätzinger ganz anders geklingelt! Ein »Un-Name« im wahrsten Sinne des Wortes war das nämlich, eine gnadenlose Verwünschung. »Blitz« wurde schon vor Jahrhunderten als Fluch gebraucht, oft zwar nicht als gotteslästerlich empfunden, wie etwa in der Kombination »Granateblitzdonnerwetternomal«, dann aber doch wieder in blasphemischem Zusammenhang mit den Ausrufen »Hotz«, »Kotz« und »Potz« oder »Heide«, die ja allesamt Verballhornungen von »Gottes« oder »Heiland« darstellen. Gegenüber »Potz-Blitz« oder »Heide-Blitz« bildet wiederum der Fluch »Kreuzdonnerwetter« eine Steigerung, denn wie beim »Kruzifix« wird hier das christliche Symbol unverblümt ausgesprochen, genauso wie bei unserem »Kreuzblitz«. Dieser letztere Begriff unterscheidet sich von den anderen darin, daß er nicht nur als unpersönlicher Ausruf des Erstaunens oder der Wut, sondern auch als direkte, persönliche und damit beleidigende Anrede gebraucht werden kann: jeder Schwabe weiß, was ein »rotzfrecher Blitz« ist, nämlich ein eigensinniger, schwer zu führender Bub oder

junger Kerle.
Wie aber sind die Dätzinger zu einem solchen Attribut gekommen? Dazu muß man einen Blick in die Kirchengeschichte dieser Ortschaft werfen. Dätzingen gehörte vom 13. Jahrhundert bis zum Jahr 1805 dem geistlichen Ritterorden der Johanniter. Diese

Besitzverhältnisse brachten es mit sich, daß der zunächst reformierte Ort nur für etwa 100 Jahre evangelisch blieb. 1634 wurde hier von den Kapuzinermönchen aus Weil der Stadt die Gegenreformation nach dem Prinzip »cuius regio eius religio« (wessen Herrschaft, dessen Religion) vollzogen. Man vertrieb den damaligen evangelischen Pfarrer. Er hatte Glück und bekam später eine Stelle in Darmsheim und Dagersheim. Viele protestantisch gewordene Familien zogen weg, die Katholiken, von denen sich viele als »störrige Blitz« auch während der Reformationszeit zum alten Glauben bekannt hatten, übernahmen wieder die Kirchenschlüssel und bildeten fortan eine katholische Enklave im protestantischen Umland. Zeitenweise hatte Dätzingen eine eigene Pfarrstelle, dann wieder versorgten die Weil der Städter Kapuziner die Gemeinde, worauf der weitere Dätzinger Neckname »Emmaus« anspielt (Lukas 24, 13: Zwei Jünger gingen von Jerusalem nach Emmaus).

Nicht nur was die Religion anbetraf, nahmen die Dätzinger seit eh und je eine Sonderstellung ein. 1607 hatte der adelige Komtur – er übte für den Johanniterorden die Herrschaft aus – ein Schloß mit vier Flügeln errichten lassen. Mehrfach erweitert und umgebaut ist dieses heute ein im weiten Umkreis bekanntes Kulturzentrum mit Heimatmuseum und Ausstellungsräumen.

Schon vor über hundert Jahren schwärmte ein Chronist von dem »reinlichen Ort«, seiner »schönen und freundlichen Kirche«, dem »Schloß mit seinen Grünanlagen«, »hübschen Häusern an der Landstraße« und insgesamt dem »freundlichen Aussehen«, das ihn »vor anderen Orten des Bezirkes vorteilhaft auszeichnet«.

Wenn die Dätzinger also in den Augen der von Böblingen nach Calw reisenden Postkutschenbenutzer »blitz«-sauber dastanden, so zählte das bei den Nachbarorten noch lange nichts. Im Gegenteil, Neid und Mißgunst wurden umso größer.

Die Eigenheiten nahm man aufs Korn, und was lag für die Evangelischen näher, als sich über das ungewohnte »Kreuzschlagen« und das Johanniterkreuz im Wappen lustig zu machen. Für sie auffällig war auch die katholische Sitte, an den Einfallstraßen und in den Fluren Feldkreuze aufzustellen, zu denen die Dätzinger an bestimmten Feiertagen in Prozessionen hinauszogen. Groß war der Spott, wenn einmal tatsächlich der Blitz eines der Feldkreuze umgelegt hatte: »Die Kreuzblitz sollet doch de Herr Jesus en dr Kirch lasse, nao dät net dr Blitz neischlage!«

Auf der anderen Seite wirkte der Lebensstil der katholischen Dätzinger durchaus anziehend, vor allem auf die Jugend der Nachbardörfer. Er wurde von den pietistisch beeinflußten Protestanten, für die schon Tanzen als Sünde galt, als sehr locker angesehen. Der bereits zitierte Chronist spricht eher zurückhaltend von »Heiterkeit im Umgang« und »städtischem Benehmen«. Es war also etwas los in Dätzingen, aller-

dings lange nicht so viel, wie sich das manche moralinsauren Nachbarn vorstellten: »No reacht g'sündigt, die Kreuzblitz könnet's ja wieder beichte!«
»Kreuz-fidel« ging es aber unbestritten in den Wirtschaften zu. Eines Sonntags trieb es eine Clique von Krakelern so weit, daß es selbst den Dätzingern zuviel wurde. Sie alarmierten die Polizei, und als Ende vom Lied landete eine ganze Anzahl von Raufbolden im Böblinger Gefängnis. Doch wider Erwarten befanden sich unter den Festgenommenen kaum »Kreuzblitz«, aber umso mehr »Rübemoster«, »Stoabäuch« und »Schnecke«.

Die Deufringer Schnecke

Deufringen gehört zu den »Schnecken«-Orten, in denen neben der sprachwissenschaftlichen Deutung des Necknamens als Abwandlung des fränkischen Worts »snaka« (= Mantel, vgl. die ausführliche Darlegung bei den Altdorfer »Schnecke«) auch die volkstümliche Herleitung hereinspielt: Bis ins 19. Jahrhundert reifte in Deufringen in günstigen Weinjahren noch die Traube, ein ertragreicher Weinbau war aber selbst im »Weingarten«, einem Südhang gegen den Bach Aid hin, nicht mehr möglich. Trotzdem regte das geschäftige »Werkeln und Wuhlen« der Deufringer in den Tälern und auf den steilen Abhängen die Nachbarn dazu an, sie immer wieder als Schnecken zu necken. Besonders die Dachteler taten sich dabei hervor, wie man den Versen des Heimatdichters Christian Breitling entnehmen kann, der eine Zeit beschreibt, in der die Dachteler Probleme mit dem Einkaufen hatten:

»Hoscht wella Fleisch ond
Wurscht eikaufa,
No hoscht halt müaßa auswärts
laufa.
A Zeitlang sogar Kipf ond Wecka
Hoscht müaßa hola bei de
Schnecka.
Des ist de Alte no bekannt,
Als a Patroll en Feindesland.
Jetzt, wenn no später so a
Schneck
Amol zua irgend amma Zweck,
Hot glegentlich uf Dochtel

müaßa,
Den läßt mers no natürlich
büaßa!
So arg isch später nemme gwäa,
Doch hots au do no Zeita gäa,
Wo mer bei Eikehr ond beim
Danza
hot manchmol no eis kriagt an
Ranza.
Wenn von de Schnecka so a Mädle
Sich hot em Danz dreht wia Rädle,
Mit ama saubra Bua vo hia,
Des hent dia Deufringer halt nia
Könna mitaseha ohne Wuat,
Hoscht müaßa wohl sei auf der
Huat.
Do hots glei donderet ond blitzt
Ond oft hots gheißa: Gell, dia
sitzt!«

Inzwischen sind friedlichere Zeiten angebrochen. Heute pflegt die Schuljugend unter Anleitung ihres Schulmeisters eine neue Art von Necknamen-Tradition. Mit einem »Schneckenexpreß« versuchten die Deufringer erst jüngst bei einem Kinderfest zu widerlegen, daß sie zu der Sorte der Langsamen und Bedächtigen gehörten. Locker überholte man das im Festzug befindliche Schiff der Dachteler Schulkameraden! Auch die von Rektor Hans Mozer erfundenen heimatkundlichen Spiele »Fang den (Dachteler) Fuchs« und »Schneckenrennen« weisen in dieselbe Richtung.

Die Deufringer sind keinesfalls ein langsamer, sondern vielmehr ein geistig beweglicher Menschenschlag. Doch trotz dieser Erkenntnis passiert zum Unglück der Deufringer doch immer mal wieder ein Mißgeschick, das den Nachbarn als Vorwand dient, die

alten Vorurteile aufzuwärmen: »Vor mehr als 20 Jahren schlug im benachbarten Dachtel ein Blitz ein, der gleichzeitig fünf Scheuern in Brand setzte und die Kirchenmauer beschädigte. Bald reichten die Kräfte der Dachteler Wehr nicht mehr aus, und man alarmierte die Feuerwehren der Nachbarflecken. Die Löschzüge aus Deckenpfronn und Gechingen trafen rasch am Brandort ein, während die Deufringer auf sich warten ließen. Dummerweise war gerade in der nahen Autofabrik der mittägliche Schichtwechsel, so daß fast alle freiwilligen Wehrmänner unterwegs waren. Als diese dann endlich am Feuerwehrhaus ankamen, traf sie fast der Schlag. Vor dem Magazin war die Erde aufgerissen, ein Kanal wurde gebaut, und es bestand keinerlei Aussicht, mit dem Fahrzeug das Gerätehaus zu verlassen. Kurz entschlossen befahl der Kommandant, alle tragbaren Löschgeräte aufzunehmen und im Laufschritt gen Dachtel wegzutreten. Schon auf der Grenze, am berühmten »roate Markstoa«, keuchten die Deufringer mächtig, am Einsatzort selber kriegten sie fast den Schnaufer nicht mehr. Nicht nur wegen der Anstrengung, sondern auch aufgrund des lauten Spotts über die lahmen »Schnecken« mußten sie zunächst tief durchatmen, bevor sie sich als pflichtbewußte Floriansjünger zeigten und den fast schon gelöschten Brand mit den anderen Feuerwehren vollends unter Kontrolle brachten.«

Die Döffinger Rübemoster

»Moansch d'mögschd Mooschd?« (zu hochdeutsch: »Etwas Apfelwein gefällig?«). Wenn früher ein sparsamer schwäbischer Gastgeber diese vorsichtige Frage in der Hoffnung auf eine ablehnende Antwort stellte, so durfte er keinesfalls auf einen Döffinger treffen. Denn dieser hätte ohne langes Zögern das Angebot angenommen. Warum konnte man sich dessen aber gerade bei einem Döffinger sicher sein? War nicht der »Mooschd« das Volksgetränk *aller* Schwaben? Weit gefehlt! Der Most, der »geringere Bruder« oder »derbe Vetter« des Weins war hauptsächlich dort verbreitet, wo es keine Weinberge gab und sich die Bauern daher keinen Wein leisten konnten. Dagegen bevorzugte selbst der ärmste Wengerter seinen Wein, auch wenn es der »räseschte Simsekrepsler« war: »Wenn i an Mooschd hao, no laß i's bescht Bier stande ond trenk mein Wei!« – Nur in schlechten Zeiten, wie etwa im Dreißigjährigen Krieg, konnte sich ein echter Weingärtner für den Apfelmost erwärmen, freilich nicht, um ihn zu trinken, sondern um den Wein vor dem Verkauf zu panschen.

In diese Versuchung gerieten die Döffinger allerdings nie. Frühjahrsfröste ließen ihr Experiment rasch scheitern, am sogenannten »Weingarten«, einem Südhang des Schwippetals, Reben anzubauen. Auch mit der Obstzucht hatten sie so ihre Schwierigkeiten. Während anderwärts im Gäu schon längst prächtige Obstkulturen gediehen, begannen die Döffinger erst spät mit der Anlage von Baumwiesen und -äckern. Um 1830 herum sorgte dann die Gründung einer Baumschule für rascheren Fortschritt. Große Verdienste erwarb sich dabei der damalige Pfarrer Zeller, der – wie eine alte Aufzeichnung protokolliert – »mit unverdrossenem Eifer die Jugend zur Obstbaumzucht anleitet, indem er im Jahre 1842 an dem sogenannten Kreuzberge unter seiner Leitung jeden Schulknaben einen jungen Obstbaum pflanzen ließ und jedes Jahr für die in die Schule eintretenden Knaben Obstbäume setzt.«

Neben etwas Zwetschgen und Kirschen pflanzte man seinerzeit vor allem gewöhnliche Mostsorten an, insbesondere eine Art von »Luiken«. Nach Jahren des Wachstums war dann endlich auch für die Döffinger genügend »Mooschd« da, so ein, zwei Eimer (1 Eimer = 300 Liter) pro Haushalt. Lange hatten sie darauf warten müssen, und umso größer war ihre Begeisterung für dieses karge, aber immerhin durstlöschende Getränk. Desto herber kam es sie an, wenn einmal weniger gute Obsternten zu verzeichnen waren. Gerade in den Jahren zwischen 1840 und 1860, als der Obstanbau noch im Aufbau war, kam dies häufiger vor. Die schlechten Jahre bewegten viele Döffinger zur Auswanderung; in einem Jahr wagten sogar einmal über 100 Dorfbewohner die Fahrt über den großen Teich. In dieser Zeit hat sich wohl die Geschichte

ereignet, die einst eine alte Döffingerin ihren Enkeln erzählte:
»Ich erinnere mich noch gut an jenes Jahr, als man in unserer Familie über eine ganz besonders schlechte Obsternte jammerte. Kaum fünf Zentner Äpfel und Birnen hatten wir in den Rupfensäken. Verloren lagen sie in der Moste, dem etwa drei Meter langen und ein Meter breiten, halbrunden Steintrog. Und als der Vater das Mostobst in der Rinne des Trogs mit Hilfe des mühlsteinförmigen, auf eine Holzachse gesteckten Steins zerquetschte, da

wurde uns klar, daß wir heuer nicht einmal einen Eimer Most einkellern könnten. Am lautesten lamentierte der Großvater. Er fürchtete um seinen abendlichen Schoppen, sein ›Manna‹ nach des Tages Müh' und Last. Doch er war es auch, der nach langem Hin und Her den rettenden Gedanken hatte: »Sag amol, Fritz«, so wandte er sich an meinen Vater, »moansch et, mir könntet no anderthalb Zentner Rübe en dr Mooschde verdrucke, nao dät's wenigstens für oin gotzige Oimer nauslange?«

Gesagt, getan. Mit vereinten Kräften schleppten wir zwei Säcke mit zerhackten Rüben heran und warfen sie in den Trog. Der kurz darauf in der Stande angesetzten Maische war nichts anzumerken, sie gärte sogar noch stürmischer als sonst. Auch an der Farbe des frisch abgefüllten süßen Mosts war nichts Auffälliges zu erkennen. So wuchs bei uns die Spannung, bis der Most an Weihnachten endlich ausgegoren war. In ihrer Freude über die gelungene »Mostvermehrung« tranken die Männer am Heiligen Abend gleich mehrere Krüge leer. Sie handelten sich damit aber einen solchen Mords-Mostrausch ein, daß sie vor Bauchgrimmen und Schädelweh den ganzen Weihnachtstag nicht mehr aus den »Nestern« kamen. Kaum genesen, schworen sie – obwohl lutherischen Glaubens – wie die Dätzinger bei allen Heiligen, sich nie mehr als »Rübemoschter« zu betätigen!«

Die Ehninger Entebrüter

»Send mr Kerle oder send mr koine?« – Unter dieses Motto könnte man die zahlreichen Anekdoten stellen, die in Ehningen über die Ehninger kursieren. Ob das die Geschichte von den Männern ist, die jede Wette eingingen, auch wenn sie Gefahr liefen, als Verlierer einen zwei Zentner schweren Stein ums Wirtshaus tragen oder einen Wagen mit zwölf Zentner Kartoffeln allein durch den ganzen Ort ziehen zu müssen, oder ob es die Geschichte von jenem Bauern ist, der bei einem Hochwasser der Würm seine Kuh sicherheitshalber vom Stall in die Wohnung und von dort ins eheliche Schlafzimmer verfrachet haben soll – Ehningen hat offensichtlich schon immer auf starke Männer gebaut, die es deswegen zu etwas brachten, weil sie sich »am liebsten auf sich selber verlassen« haben. Immerhin zu einem echten Original brachte es der frühere Amtsdiener und Büttel, »dr Fritsche«. Seine Bekanntmachung über die »auf der Gemeindewaage zu wiegenden Rindviecher unter zwei Zentner Lebendgewicht« ist noch heute unvergessen. Furore machte er auch mit der Ankündigung eines »Lichtbildervortrags über die Besteigung der Venus« – gemeint war natürlich nicht die römische Göttin der Liebe, sondern der Vulkan »Vesuv«. Daß der »Fritsche« auch den folgenden Schwank »ausg'schellt« haben soll, halten viele für ein unbewiesenes Gerücht. Deutlich wird damit aber auf alle Fälle, daß Ehningen nicht nur auf starke Männer, sondern auch auf resolute Frauen zurückgreifen kann.

In Ehningen lebte seinerzeit ein fleißiger und zuverlässiger Küfermeister. Im ganzen Ort war »dr Küfer« als ein richtiger »Wuler« (Wühler, übereifriger Schaffer) bekannt. Neben seinem Handwerk versorgte er noch etliche Morgen Ackerland, dazu einiges Groß- und Federvieh. Eines Tages konnte es der unersättliche Schaffer wieder nicht lassen. Schon morgens putzte er Fässer, nachmittags ging er auf den Akker, anschließend noch schnell zur Obstwiese, um das harte Tagwerk mit dem Füttern und Melken des Viehs zu beenden. Doch heute war es zuviel gewesen, er hatte sich übernommen. Ein letzter, abendlicher Luftzug genügte, den abgeschafften Mann mit einer schweren Erkältung zu infizieren. Am nächsten Morgen konnte er nicht mehr aufstehen. Das war ihm seiner Lebtag noch nicht passiert! Im Laufe des Vormittags stieg und stieg das Fieber, so daß man sogar den Doktor holen mußte. Der verschrieb dem Patienten einige Mittelchen, die seine besorgte Frau rasch in der Apotheke holte und ihm von nun an regelmäßig und gewissenhaft verabreichte. Obwohl der Küfer zunächst todunglücklich über seinen Krankenstand gewesen war, »verschmeckte« er es nach ein, zwei Tagen. Er genoß es sogar sichtlich, wenn seine »Alte« ihm täglich Brust und Rücken einschmierte und er dann anschließend unter der von zwei Bettflaschen gewärmten Decke sein Schläfchen machen konnte. Doch mit der Zeit wurde es dem getreuen Eheweib zuviel. Angesichts des bisher von ihrem Gatten bewiesenen Fleißes schwankte sie zwischen Neid und Mitleid, doch schließlich platzte ihr bei all dieser Faulenzerei der Kragen. So kam es ihr gerade recht, daß auf dem Hof draußen momentan eines der Entenweibchen zwar Eier gelegt, aber dann verschwunden war und die Brut alleingelassen hatte. Schnell klaubte die kluge Hausfrau die halb ausgebrüteten Enteneier in ein Körbchen, trug sie ins Schlafzimmer, weckte ihren Gemahl aus seinem sanften Schlummer und schob ihm alle unter die Decke mit den Worten: »Wenn du scho im Bett liege mußt, no ka'sch au die Oier vollends ausbruate!« Worauf es dem Kranken noch heißer wurde, so daß es nicht lange dauerte, bis die ersten Entlein im Bett des »Ehninger Eeatabrüaters« ausgeschlüpft waren.

Die Eltinger Esel

Besonders schwer zu tragen haben die Bewohner Eltingens an ihrem Unnamen. Ohnehin benachteiligt durch einen wenig fruchtbaren Ackerboden, in dem in trockenen Jahrgängen so breite Bodenrisse klafften, daß der Feldschütz beim Vespern seine Füße in die Erdspalten hängen lassen konnte, wurden die Eltinger schon früh als »Ipsknüpfel« (= Gipsknirpse) gehänselt. Das ging auf den für die ärmeren Einwohner wichtigen Erwerbszweig der Gipsgewinnung zurück. In drei Gipsbrüchen wurde einst der Baustoff gewonnen, in 14 Gipsmühlen weiterverarbeitet und dann in der Umgebung, bis ins Badische hinunter, verkauft.

Aber nicht nur der Gips, auch der Zement hatte es den Eltingern offensichtlich angetan. In jüngerer Zeit passierte jene Komödie, bei der ein Bauer zwei Säcke verwechselte und auf seinen Acker aus Versehen Zement statt Kunstdünger verstreute. Zwar sollen damals aus den so behandelten Feldern noch keine – für den Leonberger Ortsteil inzwischen so charakteristisch gewordenen – »Betonklötze« gewachsen sein, aber als »Zementbaure« sind die Eltinger seither in die Lokalchronik eingegangen. Kritische Beobachter glauben gar, einige unbelehrbare Nachkommen der »Zementbaure« seien immer noch zerstörerisch am Werk, um möglichst rasch die letzten Frischluftschneisen des Ortes zuzubetonieren!

Die meisten Geschichten ranken sich freilich um den Spitznamen

»Esel« (auch »Eselsaohre« = Eselsohren ist im Umlauf), und man fragt sich, warum gerade dieser »Oname« so viel Widerhall gefunden hat. Einen möglichen Hinweis gibt die alte Oberamtsbeschreibung, deren Verfasser die Eltinger insgesamt als »fleißige, durch vielen Handel und Verkehr nach Außen etwas abgeschliffene Einwohner« schildert, zuvor aber mutmaßt, daß die ungesunde Lage und das »zum Teil gipsführende Trinkwasser die Ursache des nicht selten vorkommenden Kretinismus *(auf Unterfunktion der Schilddrüse beruhendes Zurückbleiben der körperlichen und geistigen Entwicklung wie Zwergwuchs, Schwachsinn, Idiotie)* sein dürfte.« Man sollte nun nichts leichtfertig verallgemeinern, doch diejenigen Eltinger, die an der nachfolgend erzählten Geschichte beteiligt gewesen sind, darf man sicher ungestraft als »Kretins« oder auf gut schwäbisch als »Deppe« bezeichnen:

»Einst war am Ortsrand von Eltingen ein Kürbiskern in einen dichten Brennesselhaufen gefallen. Nach einiger Zeit wuchs im Schutz des Gestrüpps ein riesiger Kürbis heran, eine Frucht, die man in dieser Gegend bis dahin nicht gesehen hatte. Eines Tages stießen spielende Kinder auf das seltsame Gewächs. Aufgeregt holten sie den Feldschützen herbei, der jedoch auch nichts zur Aufklärung beitragen konnte, sondern vielmehr selbst beunruhigt, den Schultheißen alarmierte. Auch der war ratlos und sah keinen anderen Ausweg, als die Mitglieder des Gemeinderates zusammenzutrommeln. Lange beäugten und betasteten die Räte das »corpus delicti«, bis ein ganz besonders schlauer Ratsherr meinte, daß es sich wahrscheinlich um ein Eselsei handle. Dieses müsse man ausbrüten, wenn der Flecken vor schwerem Unheil bewahrt bleiben wolle! Alle, auch der Schultes, stimmten dieser Deutung zu, beschlossen aber, daß das Brutgeschäft weit außerhalb des Ortes, sozusagen in der Wildnis zu geschehen habe; denn der Esel sei ja ein halbwildes Tier und ertrage die Nähe von Menschen nur widerwillig.

Also übertrug man dem Feldschützen die verantwortungsvolle Aufgabe des Ausbrütens. Liebevoll baute der ein Nest etwas abseits, auf dem Weg zum Studentenbäumle, wo es den Ehrenberg

hinabgeht. Tagelang waltete er sorgfältig seines Amtes. Er hielt es erstaunlich gut auf dem »Ei« aus, doch ab und zu mußte er freilich einem menschlichen Bedürfnis nachgeben. Bei einer dieser Gelegenheiten stieß er versehentlich an den Kürbis, der sogleich aus dem Nest fiel, den steilen Hang hinunterrollte und in einem Haselbusch in tausend Stücke zerbrach. Dort hatte gerade ein Hase geruht, und der lief vor dem polternden Kürbis kurzerhand auf und davon. Der Feldschütz glaubte an den langen Ohren des Tiers klar zu erkennen, daß es sich um das dem Ei entschlüpfte junge Eselchen handelte, und er schrie ihm nach: »Huitsch, Esele, sei brav und komm zu deiner Mueter!« So weit die Geschichte vom Eltinger Eselsei.

Ein anderer Schwank erzählt von einem Müller, dessen Esel abgehauen war. Als er ihn im Gelände suchte, sprang ein Hase aus dem Gebüsch und hoppelte querfeldein davon. Der Müller – im Dämmerlicht des Abends getäuscht – hielt den Hasen für seinen Esel und schrie ihm nach: »Esele, lauf do na, 's goht hoamwärts!«

Dies alles sind alte Geschichten, die kaum einen in Eltingen mehr aufregen. Wenn jedoch ein Eltinger in einem Nachbarort auftaucht, dann kann es auch heute noch vorkommen, daß ihn die Kinder mit einem kräftigen » I-a I-a « begrüßen.

Die Flachter Schnôcke

Das in einem tief eingeschnittenen Tal nordwestlich von Leonberg gelegene Flacht gehört wie viele andere Dörfer des Kreises Böblingen in die Reihe der »Schnecken«-Orte. »Schnôck« sagt man hier in der sogenannten »dachtraufschwäbischen« Mundart, dem Enzfränkischen, zu dem bekannten Kriechtier.

Wie die »Schnôcke« rutschten die Flachter einst auf ihren unebenen Äckern im Strudelbachtal und seinen verschiedenen Seitentälern herum. Ganz früher wurde auch Weinbau hier betrieben, aber schon vor 1800 wieder aufgegeben. Geblieben sind von daher noch einige Abhänge mit alten Weinbergmauern, wo man aber statt Trauben nur noch »Träuble«, also Johannisbeeren ernten kann. In diesem Gelände gab es besonders viele Weinbergschnekken, auf die es vor allem die Schuljugend abgesehen hatte, wenn sie loszog, um Schnecken zu sammeln und für ein paar Pfennig an einen auswärtigen Aufkäufer zu verscherbeln. Im Dorf selbst war es nicht Mode, Schnecken zu essen, das überließ man denen, die sich wie die Franzosen als »Feinschmecker« in den städtischen Restaurants gütlich tun wollten.

Um die den »Schnôcke« eigene Langsamkeit und Behäbigkeit geht es freilich in vielen Flachter Bräuchen, insbesondere zur Erntezeit. Schon vor der Ernte ließen es offensichtlich manche gemütlich angehen: »I mueß gruebe (=

ausruhen) uf d' Ärnt.« Wer dann beim Sicheln auf dem Acker der lahmste Arbeiter war, wurde als »Mockel« (= Rindvieh, Kuh, Kalb) ausgelacht und mußte zur Belustigung aller brüllen wie ein Rindvieh. Auch durfte der Schnitter, der als letzter mit einer Getreideart fertig war, die Sichel so hoch werfen, wie er konnte. Wer ganz am Ende der Ernte, kurz vor der »Sichelhenket«, wenn das Werkzeug für dieses Jahr endgültig an einem Balken in der Scheune aufgehängt wurde, die letzte Garbe schnitt, der war, je nach der Art des Korns, der »Gersten- oder Weizenmockel«.

In ganz anderer Hinsicht lebten die Flachter früher gewissermaßen im »Schneckenhaus«: Sehr lange war man hier dem Aberglauben verhaftet, wovon zahlreiche Berichte erzählen. Nicht umsonst hieß einer der verbreitetsten Neckverse so:

»Z' Flacht
bleibt der Teufel über Nacht,
z' Möse (Mönsheim)
fährt er mit dr Chaise,
z' Wemse (Wimsheim)
sitzt er uf em Semse.«

Noch um 1900 – so schreibt Willy Schray in der Flachter Chronik – war der volkstümliche Glaube an das »Muetesheer« lebendig. In Erinnerung an Wotan, den höchsten Gott der Germanen, glaubte man das »Muetesheer« gelegentlich durch die Luft schweben zu sehen. Menschenartige Geister ritten dabei auf ebenso gespenstischen Tieren, wie Hunden, Böcken, Hirschen, Raben und

Pferden durch die Gegend, vorwiegend während der Adventszeit, der Christnacht und den zwölf Nächten danach. Der Flachter Ochsenwirt wollte vor Urzeiten gesehen haben, wie das »Muetesheer« in bestimmten Häusern ein Gelage abgehalten und Geschirr mit Knochen in Mistbrühe zurückgelassen habe.
Weniger gespenstisch ist die folgende, seit langem kursierende Erklärung für den Flachter Necknamen »Schnôcke«: Im Gegensatz zu Flacht ist das benachbarte Weissach seit alten Zeiten ein »Marktflecken«, der das Recht besitzt, mehrmals im Jahr Vieh- und Krämermärkte abzuhalten. Diese übten natürlich auch auf die Flachter eine gewisse Anziehungskraft aus. Am Markttag überschritt man ausnahmsweise die Markungs- und Oberamtsgrenze zwischen den beiden Orten, obwohl es das Jahr über von beiden Seiten vermieden wurde, in die Nähe des dortigen »Zwerchgrabens« (= Quergraben) zu geraten. Zu lebendig waren die Streitigkeiten um alte Weide- und Waldrechte aus dem 15. Jahrhundert geblieben; denn nicht selten hatten sie in handfesten Raufereien geendet. So wurden die Flachter »Grenzgänger« an den Markttagen von den Weissachern immer argwöhnisch beobachtet. Nichts konnten sie recht machen. Kamen an sonnigen Tagen nur wenige von ihnen auf den Markt, so hieß es: »Jetzt hant's die Flachtemer Schnôcke wieder amol net richte könne!« – Strömten sie andererseits bei schlechter Witterung in Massen herbei, weil die

Feldarbeit ja ohnehin liegen bleiben mußte, so spotteten die Weissacher: »Heut send die Flachtemer wieder onderwegs wie die Schnôcke beim Regewetter!«

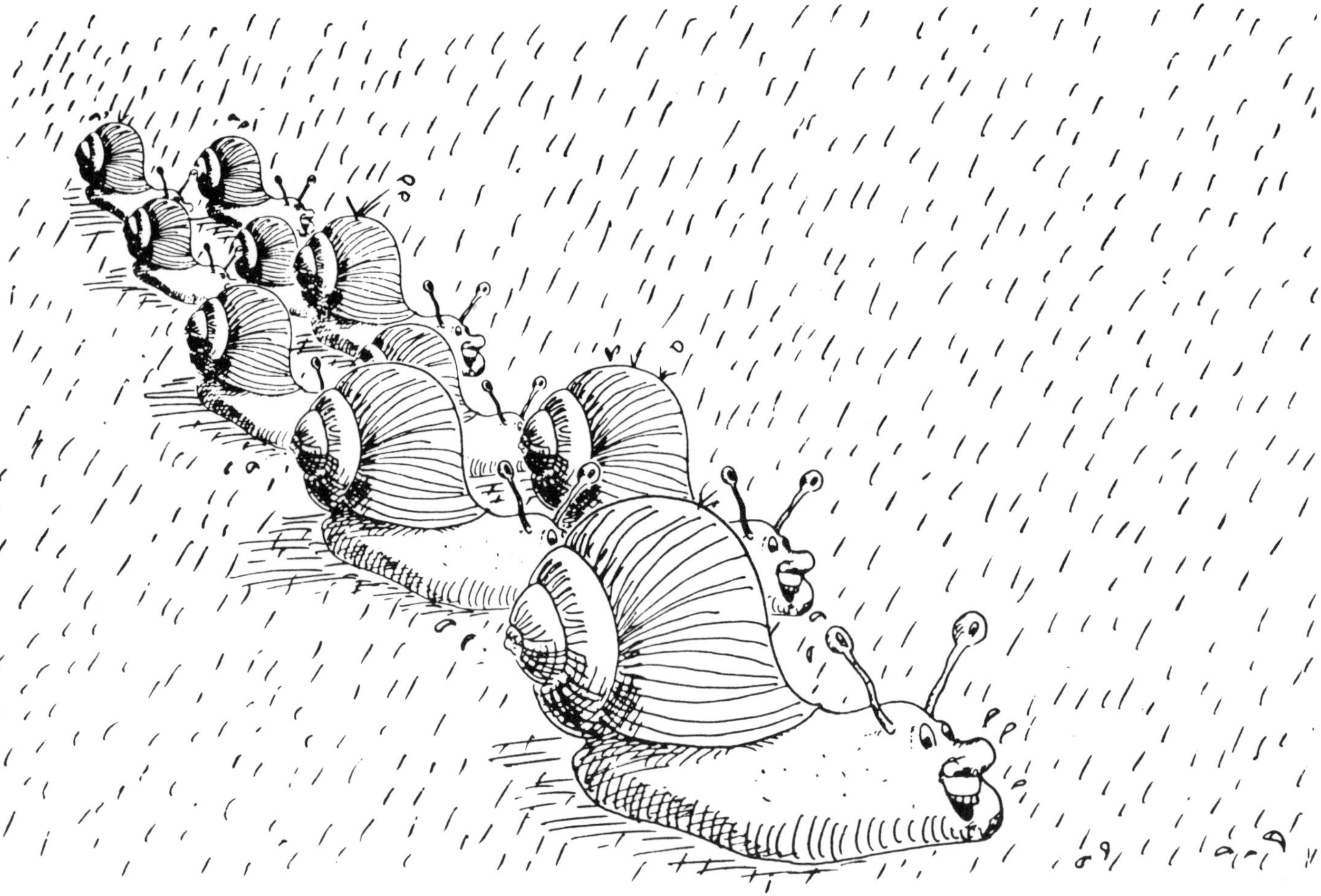

Die Gärtringer Keaspälter

Zum Glück gibt es noch genügend geschichtskundige und heimatbegeisterte Menschen, denen es ein Anliegen ist, alte Überlieferungen lebendig zu halten und an die Jungen weiterzugeben. Diese mündliche Weitergabe bildet im engen Bereich der Ortsneckereien wohl die wichtigste Quelle, denn es ist festzustellen, daß die offiziellen »Heimatbücher« nur sehr selten auf die Übernamen eingehen. Dies liegt wohl einerseits am oft wenig ernsthaften Charakter der meisten Schwänke, die von manchem seriösen Heimatgeschichtsforscher nicht für schriftlich überliefernswert gehalten wurden, andererseits auch an der noch bis vor zehn bis zwanzig Jahren vorhandenen höheren Empfindlichkeit vieler Leute, die ihr eigenes Nest nicht mit den Ärgereien der Nachbarorte beschmutzen wollten.

Eine der rühmlichen Ausnahmen bildet hier unter anderem aber die Gemeinde Gärtringen. In ihrem Heimatbuch »Gärtringen, Geschichte einer Gemeinde« ist ein breiter Abschnitt dem Sagenkreis gewidmet, der sich mit den originellen Persönlichkeiten und dem Spitznamen dieser geschichtsbewußten Ortschaft befaßt. Neben dem »Heiland-Schreiner«, der als frommer und gottergebener Mensch nicht nur seinen Sarg selbst gezimmert, sondern zu Lebzeiten auch in tätiger Nächstenliebe Kranke besucht und mit ihnen gebetet hatte, erzählen die

Gärtringer heute noch von Schneiderjörgen Adam, dem tapferen »Gärtringer Schneiderlein«, das auf seiner Wanderschaft auch in Paris bei einem vornehmen Hofschneider Station gemacht hatte. Bei einer Anprobe Kaiser Napoleons III. (1809 – 1873) soll der mutige Geselle nach wackrer Schwabenart der Kritik der Majestät am Zuschnitt des Staatsrocks entgegengetreten sein, indem er dem dolmetschenden Kammerdiener, einem Elsässer, die Übersetzung einer alten Zunftweisheit aufgetragen habe: »Saget Se no dr Majeschtät, des gäb sich beim Bügle!«

Dem mit dem Reiz der Ferne und dem Flair der großen weiten Welt umgebenen Schneider Adam steht die heimelige, den eigenen Stallgeruch ausströmende Gestalt des »Belsehannes« gegenüber, der wie viele Gärtringer in alten Zeiten seinen Lebensunterhalt mit dem Verkauf von Kienspänen, einem damals gängigen Produkt aus den heimischen Wäldern, verdient hatte. Vom »Belsehannes« also, dem Prototyp des Gärtringer »Keaspälter«, erzählt man seit Jahrzehnten die folgende Sage, die in dieser Fassung auch Eingang ins Gärtringer Heimatbuch gefunden hat:

Einst lebte zu Gärtringen im Gäu ein armer Mann namens Hans. Er besaß weder Haus und Hof, noch Acker und Wiese, schlug sich aber trotzdem wacker durchs Leben, ohne seinen trockenen Humor zu verlieren. Alle Tage ging er in den Wald.

Dort holte er harzreiches Kiefernholz, spaltete es zu dünnen Kien-

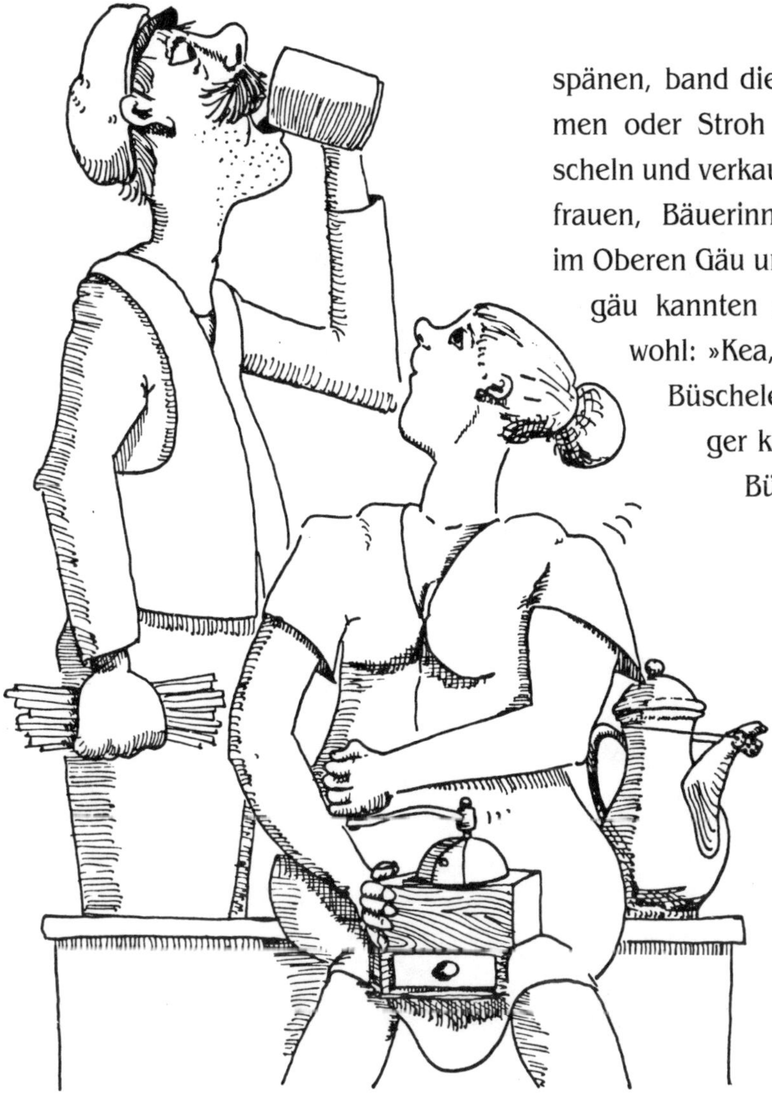

spänen, band diese mit Grashalmen oder Stroh zu kleinen Büscheln und verkaufte diese. Pfarrfrauen, Bäuerinnen und Mägde im Oberen Gäu und im Schlehengäu kannten seinen Ruf gar wohl: »Kea, Weiber, Kea, 's Büschele om zeah, billiger ka's et gea.« Das Büschele war so klein, daß es der Hans mit der Hand umspannen konnte. Und in den Küchen wußte man, daß es dem Belsehannes weniger auf sein Geld als auf ein gutes Vesper ankam, sagte er doch immer: »Drei Pfond Brot ond drei gschdandene Milche – des isch bloß es Maul g'roazt (gereizt).« So konnte man aber auch den Vielfraß leicht aus dem Haus treiben, mußte die Bäuerin doch nur so nebenbei bemerken: »O Belsehannes, heut geits bloß saure Brüh ond Spätzle.« Da suchte er gleich das Weite. Es gelüstete ihn meistens nach Kaffee, so zehn Ohrenschüssele voll, das war sein Maß. Hatte der Hannes seinen Schlag Essen verdrückt, dann war er dankbar; er hütete die kleinen Kinder, spielte mit ihnen und schenkte ihnen selbstgebundene Besen.

Der Belsehannes wurde uralt und recht wunderlich dazu. Er hatte aber Gnade bei Gott und dieser rief ihn zu sich, ehe die Streichhölzle auch im Gäu Mode wurden und man keine Kienspäne mehr brauchte. Er war ein echter Gärtringer gewesen, und so bewahrte das Volk sein Andenken im Herzen. Ihm zu Ehren tragen die Gärtringer bis zum heutigen Tag den Übernamen »Keaspälter«.

»Wege oiner Hutzel zendet mir den Ofe net an!« Dieses Wort war im ganzen »Hutzelgäu«, zu dem die Magstadter »Hutzlebäuch« genauso gehörten wie die Münklinger »Hutzelburger«, ein geflügeltes Wort. Meist wurden die Birnen- und Äpfelschnitze ja ohnehin so nebenbei gedörrt, sei es auf einem Gestell über dem heimischen Ofen, sei es im großen Stil auf der Darre über dem gemeindeeigenen Backhaus. Die getrockneten »Biireschnitz« lagerte man dann den Winter über sorgfältig in einer Holzkiste auf der »Bühne« (= Dachboden). Für die sorgende Hausfrau war es das Höchste, wenn sie winters das Bühneleiterle hinaufklettern und aus der wohlgefüllten »Hutzlekischt« die notwendige Tagesration ins Körble schaufeln konnte.

Die Gebersheimer Hutzle

Die Hutzle wurden dann nicht nur im Früchte- oder Hutzelbrot verbacken, sondern auch als trockenes Vesper auf dem Acker verspeist oder eingeweicht als Kompott zu Süßspeisen wie Griesbrei oder Pfitzauf gereicht. Einer Gebersheimerin ist allerdings einmal ein übles Malheur zugestoßen, so daß ihr die Lust auf Hutzle gründlich vergangen ist. Davon erzählt der folgende Schwank:

»In schlimmen Kriegszeiten brach einst zu Gebersheim eine Seuche aus, von der während der Wintermonate so viele Menschen dahingerafft wurden, daß der Totengräber mit dem Geschäft nicht mehr fertig wurde. Erschwerend kam der hartgefrorene Boden

hinzu, aufgrund dessen man mehrere Wochen auf die Bestattungen warten mußte. In dieser Zeit starb auch der Schreiner, der bis dahin im Flecken die Särge gezimmert hatte. Wegen der Vielzahl der Todesfälle war nicht einmal für ihn selbst ein Sarg mehr übrig, und so ließ seine Witwe beim Zimmermann eine rohe Kiste aus Brettern fertigen. Wegen der Schwierigkeiten mit dem hartgefrorenen Boden stellten die Angehörigen die Holzkiste mit dem Verblichenen auf der eiskalten ›Bühne‹ ab. Als nun der Frost abgeklungen war, konnte wieder bestattet werden. Folglich wurde auch die Holzkiste vom Dachboden geholt und zum Kirchhof geleitet. Es war zwar eine sehr ärmliche ›Leich‹, doch die Beerdigung wurde in allen Ehren mit Glocken-

geläut und kirchlichem Segen abgehalten.
Einige Tage später gab es aber für die trauernde Schreinerswitfrau eine böse Überraschung. Wie sie so auf die Bühne klettert und die Hutzeltruhe öffnen will, blickt sie in unverhofftem Wiedersehen in die fahlen Züge ihres dahingeschiedenen Gatten! Starr vor Schreck stammelt sie nur noch: »Oh du liaber Herrgott, han i des verdient, daß die Dubbeler meine Hutzle anstatt mein Fritz vergrabe hent!« Schleunigst wurde die Verwechslung wieder gutgemacht, und so fanden alsbald sowohl der Schreiner Fritz seine ewige Ruhe als auch die fälschlicherweise beerdigten Gebersheimer Hutzle ihre richtige Verwendung wieder.«

Die Hausener Schnecke

Als vor etwa 150 Jahren im Königreich Württemberg landauf, landab und von Ort zu Ort der Großteil der heute bekannten Necknamen in Mode kam, da hätte man Hausen an der Würm fast vergessen. Nicht verwunderlich, denn ganz hinten drüben lag der Flecken, unweit der Landesgrenze zum Großherzogtum Baden. Klein war er dazu noch, mit 340 Einwohnern das kleinste Pfarrdorf weit und breit – in den umliegenden Oberämtern Leonberg, Böblingen und Herrenberg, die heute der Kreis Böblingen umfaßt, gab es kein kleineres.

»Klein, aber fein!« ist man da versucht zu sagen, aber das wäre leicht übertrieben. Das Feinste, was die Hausener damals zu bieten hatten, waren ihre Kirche, eine Chorturmanlage mit spätbarockem Schiff, spätgotischem Ostturm und netzgewölbten Chören sowie die schöne, steinerne Brücke über die Würm aus dem Jahr 1777. Ansonsten war – so die amtliche Notiz – das an einen gegen das Würmtal auslaufenden Bergabhang angebaute Dorf »ziemlich unansehnlich«.

Das lag vor allem an der Armut der Bewohner, die sich mit einem unfruchtbaren Boden und dem vor allem im Frühjahr frostigen Klima herumschlagen mußten. Um aus dem schlechten Ackerboden das Letzte herauszuholen, wurde stark gedüngt, allerdings mangels genügender Waldstreu mit viel Stalldünger und Jauche.

So bezieht sich der Übername »Schnecke« wohl in erster Linie auf das unbefriedigende Fort- und Auskommen der »Hausemer«, die sich nicht einmal wie etwa die oberamtsstädtischen Leonberger »Schnecke« als Lohn für die mühevolle Arbeit einen Wein aus dem eigenen Wengert gönnen konnten: Weinanbau gab's hier nämlich nicht. Für die »Hausemer« könnte wohl auch das zugetroffen haben, was die deftig-makabren Verse über die Emminger aus dem Kreis Calw berichten:

»Emminger Schnecke
fahret über Pfrondorfer Äcker,
supfet (= schlürfen) *se aus,*
se meinet, sei e bachener Fisch,
isch aber e Füdlewisch!«

Wenigstens ein kleines Zubrot zu seinem kargen Einkommen hat sich einst ein »Hausemer« verdient, von dem man folgendes hörte: Jedes Frühjahr richtete er sich in seinem Gärtle ein kleines, frühbeetartiges, von einem Holzzäunchen umgebenes Gehege ein. Dort brachte er alle Weinbergschnecken unter, derer er bei der Arbeit in Feld und Flur habhaft werden konnte. Liebevoll fütterte er die Tiere mit Salatblättern und sonstigem Gemüseabfall, so daß sie prächtig gediehen. Beliebt war der findige Eigenbrötler bei den Schulerbuben und -mädchen, weil er die Schnecken, die sie ihm ablieferten, mit ein paar Pfennigen entlohnte. Allerdings war Bedingung, daß das Schnekkenhaus einen bestimmten Durchmesser hatte. Dies wurde

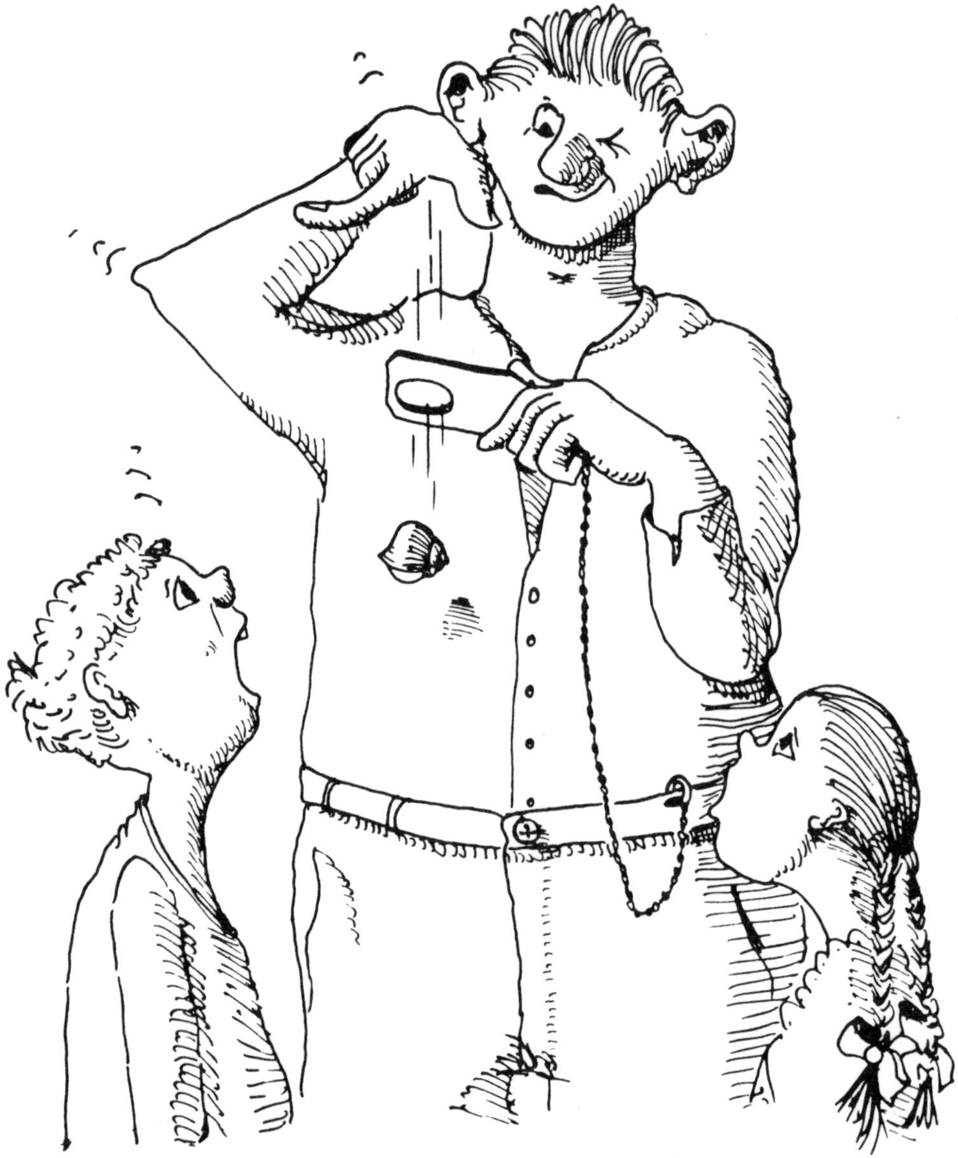

mit Hilfe eines blechernen »Schneckenrings« sorgfältig kontrolliert. Obwohl manche Lausbuben ab und an beim Schneckensammler selbst nachts ins Gärtchen stiegen, ein paar Tierchen aus dem Gehege stahlen und sie am nächsten Tage gegen gutes Entgelt wieder ablieferten, kam schließlich trotzdem eine erkleckliche Menge zusammen. Diese packte der Mann in einen Korb und brachte sie nach Weil der Stadt zu einem Bekannten, der als Arbeiter bei der Eisenbahn beschäftigt war.

Vollbeladen mit Schnecken fuhr jener auf Freifahrschein dann mehrmals im Jahr nach Straßburg, wo er auf dem Markt die bei den Franzosen so beliebte Delikatesse verkaufte. So war allen Seiten gedient, dem findigen Eisenbahner genauso wie dem armen Bauern, der sich nicht nur über den zusätzlichen Verdienst freute, sondern auch jedesmal bei der Vorstellung erschauderte, daß seine »Hausemer Schnecke« regelmäßig in französischen Kochtöpfen und Mägen landeten.

Die Hildrizhausener Stompeschießer

Früher war er im ganzen Flecken bekannt, heute erinnern sich nur noch einige wenige an den Mann, dem die »Hausemer« ihren Übernamen verdanken: an den Darre-Wanners Hansjörg, ein echt schwäbisches Original. Der Wannersche Hausname »Darre« geht übrigens darauf zurück, daß dieses etwas abseits der Ortsmitte Richtung Herrenberg gelegene Anwesen einen eigenen Backofen und damit auch die Möglichkeit besaß, Obst, besonders Zwetschgen und Birnen, zu dörren. Berühmt wurde der Hansjörg aber nicht durch das Dörren von Früchten, sondern durch eine besonders denkwürdige Begebenheit.

Wie so viele Bewohner der Schönbuchdörfer arbeitete auch der Darre-Wanner neben seiner Landwirtschaft im Wald. Ab und zu verdiente er sich noch ein Zubrot mit seinem Fuhrwerk durch Botengänge und Transportfahrten in die nahe Oberamtsstadt Herrenberg. Hansjörg war ein bedächtiger und gutmütiger Bursche, der jedoch gern einen über den Durst trank und daher an manchen Tagen, wenn im Forst kräftig zugelangt werden mußte, nicht so recht zu gebrauchen war. Eines Morgens hatte sich die Waldarbeiterkolonne ein schweres Stück Arbeit vorgenommen. Im Lindach, einem Waldstück südlich des Kohltors, mußte beim sogenannten »Saufang« der Bau eines Waldwegs vorbereitet werden. Die Bäume waren schon gefällt, nun sollten die Baumstümpfe, auf schwäbisch »Stompe«, gerodet werden. Da es beinahe menschenunmöglich war, die jahrhundertealten Wurzeln mit Axt und Säge zu zerkleinern, pflegte man die »Stompe« zu sprengen. Dummerweise war das Säcklein mit Schwarzpulver in der Nacht feucht und der Inhalt damit unbrauchbar geworden. Da kam dem Haumeister der schwere Kopf seines Hansjörg gerade recht, und er schickte ihn mit dem Fuhrwerk nach Herrenberg, wo das Pulver besorgt werden konnte. Auf dem Feld, ganz in der Nähe des Dorfes, traf der immer noch müde Fuhrmann einen Nachbarn. Der klagte ihm sein Leid: »Was solle au doa, Hansjörg, mei beschte Sau em Stall hot's Gremme« (Bauchgrimmen, Bauchweh). »Moansch du etzet dei Weib oder dei Kosel?« gab der Darre-Wanner zurück, trotz seines Katers wie immer zum Witzeln aufgelegt. Doch Spaß beiseite, immerhin wußte er zu helfen und versprach dem Bauern, das seinem Mutterschwein Heilung bringende »Saupulver« aus der Stadt mitzubringen. Auf dem Herrenberger Marktplatz angekommen, erledigte der Hansjörg schnell seine Aufträge und ließ in der nahen Apotheke die beiden Tüten mit den so unterschiedlichen Pulvern füllen. Beim »Traube«-Wirt machte er dann ausgiebigst Mittag, wobei er die Blut- und Leberwürste, die Bratkartoffeln und das Sauerkraut mit etlichen Humpen Bier hinunterspülte. So hatte der Hausemer beim Aufbruch – wie es sich für einen Fuhrmann gehört –

»gut geladen« und schlief daher bald auf dem Kutschbock ein. Trotzdem kam er nach zwei Stunden im Flecken an; denn der brave Gaul war es schon gewohnt, den Heimweg alleine zu finden. Noch schlaf- und biertrunken griff der Darre-Wanner nach der einen Tüte, lieferte sie bei seinem Auftraggeber ab und fuhr dann Richtung Lindach weiter. Ungeduldig wurde er dort schon vom Haumeister und den übrigen Waldarbeitern erwartet. Bevor es dunkel wurde, sollten die Baumstümpfe gesprengt sein. Hastig verteilten die Männer das Pulver, verdämmten es unter den »Stompe« und legten die Lunten. Kaum waren diese entzündet, schallte durch den Saufang der Ruf: »Passet uf, Manne, des isch Dynamit!« Alles ging in Deckung, doch die Explo-

sion ließ auf sich warten. Selbst nach Minuten war immer noch nichts passiert. Da es dämmerte, blieb den verhinderten Feuerwerkern nichts anderes mehr übrig, als ratlos nach Hause zu gehen.
Erst nachdem der Bauer am nächsten Morgen die Sau mausetot im Koben gefunden und den Wanner zur Rede gestellt hatte, ging diesem ein Licht auf: »Ja, jetzt leckscht mi doch am Arsch, i glaub, i hao des Saupulver mit em Schießpulver vertauscht!«
So gingen die Hildrizhausener als »Stompeschießer« in die Geschichte ein. Aber selbst sie müssen jedes Mal schmunzeln, wenn sie in der Nähe der Lindachspitze im Schönbuch das seither »Saupulverweg« genannte Sträßlein entlangwandern.

Die Höfinger Erbsebäuch

Voller Stolz können die Höfinger auf eine fast 600jährige Tradition ihres Necknamens blicken. Er geht nämlich auf ein denkwürdiges Ereignis aus dem Jahr 1395 zurück. Damals mußte sich Graf Eberhard III. der Milde von Württemberg (1362 – 1417) mit einer Gruppe aufmüpfiger Adeliger herumschlagen. Diese hatten 1393 eine konspirative Rittergesellschaft gegründet, den »Schieglerbund«, wie er sich nach seinem Abzeichen, dem Schlegel, benannte. Diese Verschwörer wollten den Landesherren, den sie allerdings sehr unterschätzt hatten, entmachten. 1395 trafen sie sich unter Leitung ihrer Hauptleute, etwas übertrieben als »Könige« bezeichnet, in Heimsheim, wo sie ihr weiteres Vorgehen beraten wollten. Der Chronist schreibt: »Aber Graf Eberhard verschlief die rechte Zeit nicht, sondern sammelte in Eile ein Völklein, so leise er immer vermochte, und früh vor Tagesanbruch überfiel er den Adel, umringte das Städtlein und zündete es an. Die geängstigten Adeligen sahen, daß sie sich nicht erwehren konnten, hoben die Hände auf und ergaben sich mitsamt dem Städtlein dem Graf Eberhard auf Gnade, der sie auch also nach seiner angeborenen Güte auf- und annahm. Und so ward diese Rebellion gestillt.« Freilich galt dieser Friede zunächst nur für die Heimsheimer »Schlegler«. Denn zu allem Unglück hatte Höfingens Ortsherr, der Truchseß Heinz, mit den Verschwörern gemeinsame Sache gemacht und insgeheim auf seiner Burg einen großen Vorrat an Erbsen gelagert, damit er während einer möglichen Belagerung durch den Württemberger keine Not leiden müsse. Über das weitere Schicksal des Truchsessen und der Höfinger erzählt die von Paul Eitel aufgezeichnete Ortssage:

»Als der Hauptkampf zu Heimsheim entschieden war, ritt der Graf auch gleich gegen den Höfinger, den er nicht ohne Grund des Bündnisses mit den Schleglern verdächtigte. Dem Ritter Heinz war aber nach der schnellen Niederlage seiner vornehmsten Gesellen alle Streiteslust vergangen, und er sann jetzt nur noch darauf, die verräterischen Erbsen vor dem Eintreffen des Württembergers billig loszuwerden. Dieses Vorhaben gelang ihm denn auch auf eine recht natürliche Art, indem er seine braven Höfinger einfach anwies, den gewaltigen Erbsenhaufen unverzüglich aufzuessen. Da sich nun die guten Leute von eigener Schuld zwar frei wußten, des Grafen Zorn aber doch nicht weniger fürchteten als der edle Ritter selber, gaben sie sich redlich Mühe, das anbefohlene Werk zu vollbringen, und es hub alsbald ein lustig Kochen in allen erreichbaren Kesseln und Töpfen an. Als dann die Erbsen endlich gar waren, stand der Württemberger schon bei Rutesheim und kündigte mit lautem Hörnerschall sein rasches Näherkommen an. Zeit war jetzt nicht mehr zu verlieren, aber die wak-

keren Höfinger schlugen sich heldenmäßig in die Bresche, will sagen mit dem heißen Inhalt der großen Kessel herum und bezwangen so in einer kurzen Stunde, was im schlimmeren Fall vielleicht für Wochen hätte vorhalten müssen. Hinterher war es um die unerschrockenen Kämpen freilich übel bestellt; sie schnauften nach dem vielen Schlucken gleich gestopften Gänsen und konnten sich mit ihren bis zum Übermaß gefüllten Erbsenbäuchen auch kaum mehr bewegen.
Der inzwischen ohne andere Gegenwehr in Höfingen eingezogene Graf wunderte sich über den merkwürdigen Zustand der Leute gar sehr und begehrte in seinem Mißtrauen zu wissen, was es mit dem Geschnaufe auf sich habe. Der Ritter aber dachte, eine gute

Ausrede sei immer noch sechs Gulden wert, und erwiderte listig gefaßt, das friedliebende Volk müsse nur vor lauter Angst so elend schnaufen. Ob dieser Auskunft wandte sich die bis dahin immer noch ungeklärte Lage des Ortes vollends zum Guten. Der milde Graf soll nämlich alsbald abgezogen sein, ohne den Höfingern ein Leides getan zu haben. So hat sich also zu Höfingen das in der Geschichte bis heute ohne anderes Beispiel dastehende Wunder vollzogen, daß ein mißlungener Streit dem unterlegenen Teil auch noch mit vollen Bäuchen belohnt worden ist.«

Nach einer anderen Erzählvariante fiel den Höfingern nach der gewonnenen Erbsenschlacht das Gehen so schwer, daß man sie wie Bierfäßchen nach Hause rollen mußte. Nicht nur an ihnen blieb der Unname »Erbsebäuch« hängen, sondern auch die Heimsheimer werden seither als »Schlegler« oder gar als »Fuierschlegler« hochgenommen.

Die Holzgerlinger Eule und Krabbe

Mit vielen Fragezeichen versehen sind die bisher bekannten Deutungen der beiden Holzgerlinger Necknamen »Eule« und »Krabbe« (= Raben). Eine gelehrte Spekulation mochte sogar so weit gehen, die beiden Tiernamen als Hinweise auf einen Kult der germanischen Gottheit Wuotan (= Odin) anzusehen, deren Stätte in grauer Vorzeit auf einer Anhöhe in der Gegend von Holzgerlingen und Mauren gelegen wäre. Nach dem Mythos haben bekanntlich zwei Raben dem Gott täglich die neuesten Weltnachrichten überbracht und ihn so mit dem nötigen Machtwissen versorgt. Die Eule spielte freilich weniger in der germanischen als in der griechischen Götterwelt eine Rolle. Seit sie in Begleitung der griechischen Göttin Athene auftrat, galt sie als Sinnbild der Weisheit. Bei den Ägyptern wiederum wurde sie als Todesvogel angesehen, in anderen archaischen Vorstellungen war die Eule ständige Begleiterin der Zauberer und Hexen. Man nagelte auch Eulen zum Schutz gegen Blitz und Dämonen an Haus- und Scheunentore. Manche verwandten deren Eier, Federn und Fleisch gar für Liebeszauber und Verhexungen oder trugen Eulenherzen und -füße als Amulett.

Doch wer wollte den rechtgläubigen Holzgerlingern ein derart heidnisches und abergläubisches Treiben anhängen? Es gibt sicher naheliegendere Erklärungen. Eine davon hat schon vor Jahr-

Die Holzgerlinger Eule und Krabbe

zehnten der Heimatforscher Eberhard Benz geliefert: »Den Ortsteil von der Kirche an auswärts gegen den First zu heißt man den »Krabbeschlegel« und seine Bewohner dementsprechend »Krabbe«. Dieses Gespött kam wohl zuerst im alten Ortsteil zwischen Kirche und Kalteneck, um den »Pflug« und den Marktbrunnen her, in Aufnahme; dort wohnten die vermöglichen Bauern, während im »Krabbeschlegel« mehr die Seldner (= Häusler) und Taglöhner daheim waren. An sich ist ein Schlegel ein Pflock zum Abschluß eines Teichs – oben breit und unten schmal. Er ist in bildhafter Übertragung des Körperteils des Vogels ein Ortsteil, unten breit und oben schmal auslaufend, mit kleinen Anwesen entlang einer einzigen Gasse, der am breiten Körperteil des alten Haufendorfes hängt wie ein Schlegel am gerupften Huhn. Bloß ein Schlegel zu sein, ist vom alten Ortsteil aus gesehen ein bißle herablassend, so nach der Melodie »ihr ghöret zwar zom Flecke, aber froget bloß net wie!«

Als »Krabbe« bezeichnet der Schwabe gewöhnlich auch Personen von dunklerer Hautfarbe. Auf die Bewohner des »Krabbeschlegels« bezogen könnte dies einerseits ein Hinweis darauf sein, daß einige ihrer Vorfahren dunklerer, südlicherer Rasse gewesen waren. Auf der anderen Seite hörte man früher oft den Stoßseufzer des Schulmeisters über einen ungehobelten, ungewaschenen Volksschüler: »Du bischt a wüster Krabb.«

Die Holzgerlinger aus dem »Krabbeschlegel« wußten sich offensichtlich zu wehren und tauften die jenseits des Kirchbrunnens wohnenden Großbauern einfach »Eule« und den inneren Flecken »Euleschlegel«; möglicherweise auch deshalb, weil die Kirche seit Herzog Eberhard im Bart den »Obergscheitle« von der Tübinger Universität gehörte, die noch bis zum Jahr 1924 den Holzgerlinger Pfarrer ernannt hat.

Die innerörtliche Neckerei wurde selbstverständlich von den Nachbarn begierig aufgenommen und durch verschiedene Varianten noch erweitert. So rächen sich die Ehninger »Entebrüter« genüßlich für den erlittenen Spott und sagen den Holzgerlingern nach, sie seien »Eulebrüter«. Einer von denen habe einmal – um sich gegen Dämonen zu schützen – im Schönbuch ein Uhuei aus dem Nest gestohlen, damit es seine Hühner ausbrüten könnten. Dämonen seien keine mehr erschienen, dafür aber der Feldschütz, der ihm wegen Nesträuberei eine saftige Strafe aufgebrummt habe. Die Waldenbucher wiederum – auch als »Krabbestädter« verschrieen – beobachteten einmal einen Holzgerlinger dabei, wie er eine Eule nach Hause getragen und im Herd gebacken hat. Schon war ein neuer Neckname im Umlauf, der von den »Eulenschlegelbroter«. Aber den lassen viele Holzgerlinger nicht gelten. Sie bestehen darauf, das Athen des Schönbuchs zu sein, in das man »keine Eulen mehr tragen« müsse. Denn seit dort ein Gymnasium stehe, gebe es kaum noch »Krabbe«, aber umso mehr

»Eule«. Was manchen alteingesessenen Holzgerlinger mit Sorge erfüllt: »Älle wellet se Professer werde, wer soll au do no schaffe?«

Die Lehenweiler Katze

»Hent ihr euch guet eing'lebt em Laihe?« Bei dieser Frage eines Alteingesessenen mußten schon manche nach Lehenweiler neu zugezogene Nicht-Schwaben passen. Woher sollten sie auch wissen, daß ihr erst 1709 besiedelter Wohnort zunächst »Lehen«, »Aidlinger Lehen«, »Weiler Lehen«, »Lehenweyller« und schließlich wie heute »Lehenweiler« genannt wurde?

Für die Ältesten vom »Laihe« ist der erste Name bis heute der gültige geblieben und wird selbstverständlich in der Mundart gebraucht. Schon seit Jahrhunderten hieß dieses am Rand der Aidlinger Markung gelegene Gebiet so, weil es zahlreichen Aidlinger Lehenhöfen zugeteilt war. Als Lehenhöfe bezeichnete man Bauerngüter, die Grundherren gehörten und den Bauern zur »Leihe« übertragen waren. Als nach dem Dreißigjährigen Krieg (1618 – 1648) die Bevölkerung stark zurückging, wurden die Aidlinger »Lehen« nicht mehr bebaut und verödeten. Das blieb auch so, bis im Jahr 1709 zwei ehemalige Gardereiter des württembergischen Herzogs Eberhard Ludwig ihren Landesherrn baten, sich auf den wüstliegenden Gütern bei Aidlingen, den sogenannten »Lehen«, niederlassen zu dürfen. 15 Morgen wurden jedem dieser neuen Siedler zugeteilt. Bald gesellten sich zu jenen Gardisten weitere Veteranen aus württembergischen Militärdiensten. Von den Aidlingern wurden die Zugezogenen von Anfang an mit Mißtrauen betrachtet. Als durch die neue Siedlung auch noch allerlei fahrendes Volk wie Korbmacher, Krämer und Hausierer, dazu sogar Katholiken angezogen wurden, protestierten die Einheimischen und mobilisierten die Obrigkeit. Von »nichtswerten Leuten, welche nicht schaffen mögen, niemalen zu Haus, sondern allein dem Bettel nachgehen, und sich in die Lehener begeben, daß sie nur sagen können, woher sie seien«, berichtete der Böblinger Vogt im Jahr 1719 nach einer Untersuchung, die offensichtlich ganz im Sinne der Beschwerdeführer ausgefallen war. Sie hatten verlangt, die Siedler sollten ihre Häuser und Baracken abreißen, nach Aidlingen umziehen und ihre Äcker von dort aus bebauen. Dahinter steckte die Furcht, es könne im Lehen »kein ordentliches und christliches Leben« geführt werden, da »das Gewild ihnen vor die Tür läuft«. Zu diesem Problem gab der Aidlinger Schultes zu bedenken, »ob solche Gelegenheit nicht möchte fähig sein, arme abgedankte Soldaten, Krattenmacher und arme Bettelleut zur Ungebühr (sprich: Wilderei) zu bringen?« Im Gutachten des Vogts kamen dann insbesondere die Katholiken, aber auch die Korbmacherfamilien besonders schlecht weg:

»Insgemein aber seind diese Colonisten halsstarrige Leute, welche frei zu leben gemeint, und weder auf Gebot noch Verbot etwas geben, werden auch ohne militärische Execution oder anle-

genden Gewalt schwerlich dahin zu bringen sein, ihre Häußlen und Baraquen wiederum abzubrechen, und sich dem Flecken Aidlingen anzuhängen, eben der Ursachen, damit sie wie bisher frei zu leben Platz haben möchten, und niemanden unterworfen sein dörften.«

Die als Tagdiebe und Bettler geschilderten katholischen Familien hat man dann mit der Zeit mehr oder weniger freiwillig hinauskomplimentiert, so daß die Bevölkerung bald einheitlich evangelisch und somit – hoffentlich – nur noch »fleißig und arbeitsam« war. Trotzdem kriegten die Aidlinger die Siedler von den »Laihen« nicht mehr weg.

Man vermutet nun, daß die Wurzeln des Necknamens »Katze« auf diese frühe Zeit der »Laihemer« Freiheit zurückgehen. Sind nicht die ersten Siedler damit zutreffend charakterisiert? Wie die wilden »Katze« zogen sie einst über Feld und Flur, durch Wald und Heide, manche vielleicht sogar wildernd. Ihr neu gewonnenes Land und ihre Siedlung verteidigten sie geschmeidig und geschickt gegen die Zugriffe der Aidlinger, wenn es sein mußte, zeigten sie gar »Buckel und Krallen«! Eines gelang den »Laihemer Katze« allerdings nie, nämlich ganz von den Aidlingern loszukommen und selbständig zu werden. Durch Heiraten und Zuzug aus dem Hauptort wurden im Laufe der Zeit auch die Unterschiede verwischt, die Streitigkeiten waren nicht mehr so gravierend und bewegten sich überwie-

gend auf der Ebene des dorfinternen Zwistes.

Trotzdem blieb der Spitzname »Katze« bis in unsere Tage lebendig. Ein alter »Laihemer« erinnert sich noch gut, wie er jede Woche zu Fuß zur Konfirmandenstunde ins Pfarrdorf gehen mußte: auf dem »Kirchweg«, übers »Gründle«, den »Baralle«, einen Hügel, hinauf über die Ebene des »Venusbergs«, dann das »Kirchtal« wieder hinunter. Am »Furtholz« angekommen, wurden die jungen »Laihemer« oft von den Aidlinger »Stoabäuch« mit einem kräftigen »miau, miau, Katz, Katz« empfangen. Doch das hat diese selten gekümmert. Zu ausgeprägt war ihr Bewußtsein, ganz besondere Exemplare zu sein. Das kommt auch in der folgenden Begebenheit zum Ausdruck: Ein paar Buben hatten sich an einem Winternachmittag beim Schlittenfahren verspätet. Als das »Mergeläute«, das Zeichen für die fällige Heimkehr, ertönte, waren sie noch mitten auf dem Bronnenberg gewesen. Schon packte sie die Angst, mehr aber vor der Dämmerung als vor der Tracht Prügel, die sie zu Hause erwartete. Und als dann noch plötzlich am Waldrand einige dunkel vermummte Gestalten auftauchten, da wurde es den Burschen noch bänger. Doch alsbald löste sich ihr Schrecken in Wohlgefallen auf, wie Otto Groß in seinen Versen beschreibt:

»Horch, hairscht em Wäldle et ebbas bromme?«
»Guck, siehscht do voarna die Leut et komma?«
Dr Frieder spitzt d'Aohra: »Die Leut?« hot 'r gsait,
»O Kerle, i glaub, ihr sen' et ganz gscheit,
des sen' doch L a i m e r – on koane Leut!

Dieser letzte Vers hat sich bei den Lehenweilemer Einheimischen bis heute als geflügeltes Wort gehalten, auch wenn die Aidlinger und Dätzinger vielleicht eine andere Version bevorzugen: »Des send doch Laihemer Katze – on koane Leut!«

Die Leonberger Schnecke

Wenn es nach den Leonbergern ginge, dann stünde fest, was sie als Übernamen akzeptieren würden: natürlich ihr Wappentier, den Löwen, auf den man auch – ob's richtig ist oder nicht – den Stadtnamen zurückführt. »Lewinberch« und »Lovinberche« (= Löwenburg?) lauten ja die überlieferten Namen der Stadt. Der Löwe (lateinisch: LEO) hat es den Leonbergern so angetan, daß sie ihn in den fünfziger Jahren sogar auf die Autokennzeichen brachten. Allerdings währte die Freude nicht allzu lange, beim Anschluß an den Kreis Böblingen im Jahr 1973 mußten auch die LEOs von den Autoschildern weichen, was viele Ex-Kreisstädter als äußeres Zeichen eines beginnenden Niedergangs sahen. Es soll freilich noch einige eingefleischte »Löwen« geben, die sich seither kein neues Fahrzeug gekauft haben, nur um das geliebte LEO-Kennzeichen behalten zu dürfen.

Was den Spitznamen anbetrifft, wollte es das Schicksal, oder besser: die Spottlust der Nachbarn, anders. Sie necken die Leonberger seit eh und je als »Schnecke« oder auch als »Schnôcke«, wenn man von einer in der Malmsheimer Gegend gebräuchlichen Abwandlung des kurzen Vokals »e« in ein kurzes »ô« ausgeht. Dabei können die Leonberger noch von Glück sagen, wenn sich nur dieser eher harmlose »Unname« auf Dauer durchgesetzt hat. Er geht im übrigen auf die Schneckenplage in den Weinbergen zurück,

unter denen die »Wengerter« so zu leiden hatten, daß sie zu außergewöhnlichen Maßnahmen griffen. Doch davon später.
Die anderen, wenig hoffähigen Necknamen, die heute fast völlig in Vergessenheit geraten sind, beziehen sich einerseits auf die Weinbergmäuerle: »Maurehokker« und »Maurescheißer«. Andererseits bietet sich noch eine weitere Erklärung an. Beide Schimpfnamen weisen auch auf den klassischen Konflikt zwischen Städtern und Landbewohnern hin. Die Bauern des Umlandes identifizierten die Städter mit ihren Stadtmauern und machten ihrer Wut über den häufig auftretenden Hochmut der Stadtbewohner oder auch über die dort präsente Obrigkeit mit derben Ausdrücken Luft. Anlaß zum Ärger gaben oft auch die gepflasterten Straßen und Plätze. Wenn die Marktbesucher mit ihren verdreckten Karren und Fuhrwerken dort zur Sauberkeit gemahnt wurden, rächten sie sich gerne mit deftigen Neckereien, wie im Fall von Herrenberg mit dem »Aoname« »Pflasterstoascheißer«. In diese Kategorie gehören auch die alten Leonberger Spitznamen »Maurehocker« und »Maurescheißer«. Sie sind nicht nur ein Hinweis auf die bekanntermaßen kleine Gemarkung der Stadt, sondern auch auf die beengten Verhältnisse innerhalb des Stadtgebiets. Viele Häuser waren früher direkt an die Stadtmauer angebaut und die Öffnung so mancher »Scheißhäusle« führte geradewegs in den Stadtgraben.
Nun aber zurück zu den

»Schnecke«. Als solche werden die Leonberger unvergessen bleiben. Dafür hat einstmals einer von ihnen gesorgt, dem folgendes Unglück passiert ist: Der fleißige Mann, Wengerter seines Zeichens, begab sich eines Mittags in seinen am Engelberg gelegenen Weinberg. In den vergangenen Tagen hatten sich die Schnecken bei feucht-warmer Witterung rapide vermehrt, so daß er wieder einmal gehörig auf Schneckenjagd gehen wollte. Die gefräßigen Biester machten keinen Unterschied zwischen Silvaner-, Trollinger-, Elbling- oder Gutedelrebe, sie waren einzig auf die saftigen jungen Triebe und Blätter aus. So fürchtete der brave Wengerter um den ohnehin schon schmalen Ertrag und sah seinen im Herbst erwarteten »Schillerwein« in größter Gefahr. Mit Feuereifer stürzte er sich auf die Schnecken. Das war ein aufwendiges Geschäft, denn auf das heutzutage übliche Aufstellen von »Bierfallen« wäre er nie gekommen, weil Bier ja teurer als sein eigener Wein war. So blieb nur die mechanische Methode mittels »Distelstupfer«, eines scharfkantigen, holzgestielten Werkzeugs, das sich bei der Schneckenjagd stets mit durchschlagendem Erfolg bewährte. Schon hunderte von Schädlingen hatte er so beseitigt, als sich der Tag dem Ende zuneigte und die Dunkelheit hereinbrach. In seinem Eifer hatte der Wuhler das gar nicht bemerkt, er war vom Jagdfieber geradezu besessen. Zu guter Letzt glaubte er in der lockeren Erde direkt vor sich ein besonders dickes Exemplar entdeckt zu haben. Mit letzter Anstrengung peilte er es an, stach zu und traf – oh Schmerz – seinen eigenen großen Zeh!! Der hatte vorwitzig aus durchlöchertem Socken und Schuh herausgelugt und mußte nunmehr ebenfalls das »kopflose« Schicksal der Schnecken erleiden.

»Wer den Schaden hat, spottet jeder Beschreibung«, hieß es da für den Leonberger Wengerter, dessen Mißgeschick nicht nur in seiner Heimatstadt, sondern auch im ganzen Oberamt zum Tagesgespräch wurde. So festigte sich natürlich der Ruf der Leonberger als »Schnecke« für ewige Zeiten.

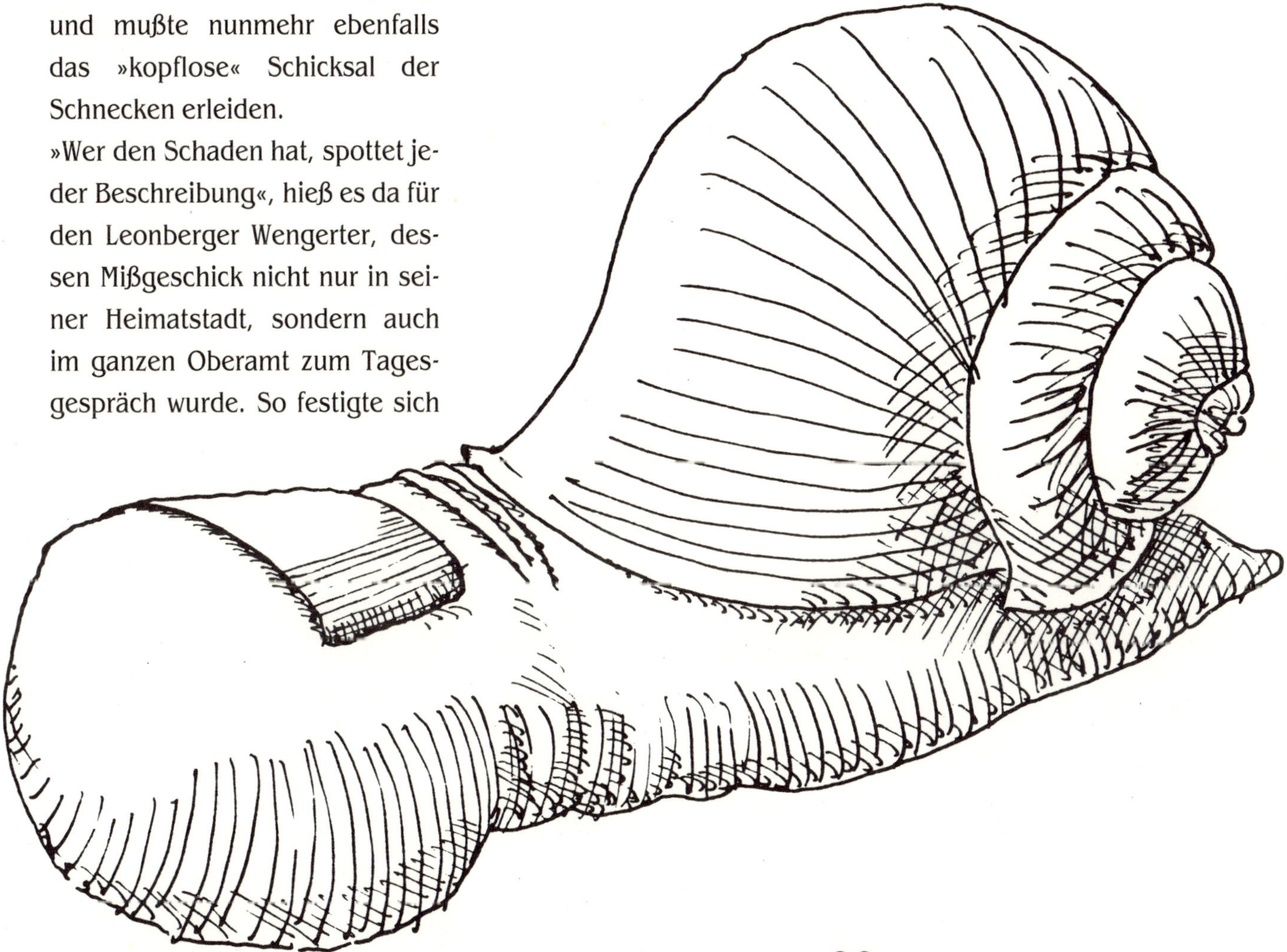

Die Magstadter Hutzlebäuch

Zur Weltliteratur zählt Eduard Mörikes 1853 verfaßtes Märchen »Das Stuttgarter Hutzelmännlein«. Es geht darin um einen mit Zauberkräften ausgestatteten Kobold, der den Schustergesellen Seppe ins Herz geschlossen hat. Er hilft diesem mit allerlei Tricks, Gefahren zu bestehen und schließlich die geliebte Vrene als Frau heimzuführen. Seppes wichtigstes Mittel zu überleben ist ein Laib »Hutzelbrot«, der die wundersame Eigenschaft hat, nie auszugehen. Bald wurde dieses Märchen zur Pflichtlektüre an den württembergischen Volksschulen. Wenn es vom Hutzelmännlein, dem Seppe, der Vrene oder den zwei Paaren Zauberschuhen handelte, die der arme Schusterbub zu seinem Unglück zunächst verwechselt, sperrten besonders die Magstadter Schulkinder Maul und Ohren auf. Sie hatten allen Grund, wurde ihnen selbst doch seit Generationen der Neckname »Hutzlebäuch« oder einfach »Hutzle« nachgerufen. Nicht mehr jeder weiß freilich heutzutage, was eine »Hutzel« (Mehrzahl: »Hutzle«) ist: Die Schwaben verstehen darunter eine ungeschnittene, gedörrte, d. h. getrocknete Birne. Diese älteste Art der Vorratshaltung kannten schon die Steinzeitmenschen. Sie hat bis in die Gegenwart überlebt und war vor allem in Gegenden mit großen Obstbeständen neben dem Mosten und dem Einmachen üblich. Vorübergehend in Vergessenheit geraten, ist heute das Dörren als Möglichkeit natürlicher alternativer Konservierungsmethode wieder in Mode gekommen.

Schon im 16. Jahrhundert wurde freilich die schwäbische Vorliebe für »Hutzle« und »Birneschnitz« (das ist die zerschnittene, gedörrte Hutzel) verspottet; wohl auch deswegen, weil sie von besonders ausgeprägter Sparsamkeit zeugte.

Wie nun die Magstadter zu ihrem Übernamen kamen, ist nicht schwer zu erklären. Zu den Pfunden, mit denen sie wuchern konnten, gehörte nämlich der Obstanbau. Der war zwar auch in manch anderen Gegenden zwischen Würm und Glems nicht schlecht, aber auf den Jahresertrag von 100.000 Simri (altes Trockenmaß, 1 württemb. S. = 22,153 l) im Jahr 1847 konnten die Magstadter schon stolz sein. Eine amtliche Notiz erwähnt dazu noch ausdrücklich, daß fast der gesamte Obstertrag im Ort selbst verbraucht wurde. Das ging natürlich nur, indem man alle Methoden der Bevorratung ausnutzte, einschließlich des Dörrens von Birnen. In den drei öffentlichen Backhäusern, die man im Laufe des 19. Jahrhunderts, nicht zuletzt wegen der sich auffallend stark vermehrenden Bevölkerung bauen mußte, waren daher auch steinerne und hölzerne Obstdörren (mundartlich: Darre) eingerichtet.

Wie wir also hörten, waren die alten Magstadter sparsam, fruchtbar und – so eine alte Aufzeichnung – vor allem »gesund, kräftig und erfreuten sich nicht selten eines hohen Alters«.

Diese herausragenden Eigenschaften bereiteten den Bewohnern der Nachbarorte einiges Kopfzerbrechen. Wie schafften es die Magstadter, so alt zu werden und gleichzeitig noch gesund und kräftig zu bleiben? Ging hier alles mit rechten Dingen zu? Oder waren etwa unbekannte Zaubermittel im Spiel? Einem schon älteren, schmächtigen und recht runzeligen Maichinger Bauernweible ließen diese Fragen keine Ruhe. Sie wollte alles einmal genauer wissen und marschierte eines schönen Tages Richtung Nachbarflecken. Schon von weitem sah sie die Magstadterinnen auf Feld und Flur wuhlen und werken, als ob Bäume versetzt werden müßten. Eine Weile beobachtete sie gespannt das rastlose Treiben der Bauernweiber. Da entdeckte sie, daß diese immer wieder ihre Arbeit kurz unterbrachen, in die prall gefüllten Mantelschurztaschen griffen und dann an einem unbekannten Etwas herumknabberten. Nähergekommen faßte sie sich ein Herz und fragte die am drallsten aussehende Magstadterin: »Jetzt saget mir ao bloß, was fresset ihr denn do so onterem Schaffe, daß ihr nalange könnet wie d'Mannsbilder ond drzuo no aussehet wie 's blühend Lebe?« »Biireschnitz! Ond wenn du ao gnug von selle g'veschpert hättest, no dätscht net aussehe wia a alte Hutzel!« war die derbfreche Antwort der Gefragten.

Der Maichingerin blieb ob solcher Schlagfertigkeit die Spucke weg, und sie benötigte den ganzen

Rückweg, um sich wieder einigermaßen zu fassen. Zu Hause erzählte sie dann im ganzen Ort herum, mit welch einfachem Lebenselixier sich die Nachbarn so gut hielten. Doch da in Maichingen der Obstertrag nicht einmal für den Eigenbedarf ausreichte, die Magstadter aber keine einzige »Hutzel« herausrückten, konnte dort leider keine Abhilfe geschaffen werden.

Und wenn zur Weihnachtszeit von Magstadts Backhäusern herüber der Duft des zwar nicht wie bei Mörike verzauberten, aber doch so köstlichen »Hutzlebrots« (= Früchtebrot aus Dörrobst und Nüssen) über das »Hutzlegäu« zog, dann konnten die Maichinger, Warmbronner, Renninger und Malmsheimer ihren Neid über das Wohlergehen der Magstadter »Hutzle« und »Hutzlebäuch« kaum mehr verhehlen.

Die Maichinger Kropfschelle

Es müssen besonders heimtückische Lästermäuler gewesen sein, die vor Jahrzehnten den Witz erzählten, der Herrgott habe bei der Aufteilung der Erde alle »Kropfigen« nach Maichingen geschickt, welches in den himmlischen Landkarten fortan als »Kropfreich« verzeichnet gewesen sei. Jeder Kenner der wahren Verhältnisse muß diese Behauptung zurückweisen, weiß er doch zu gut, daß nicht nur in Maichingen eine große Anzahl von »Naturbroschenträgern« anzutreffen war. Das zeigt allein folgende Tatsache: Mit rund einem Dutzend Orten aus schwäbischen Landen tragen die Maichinger das gemeinsame Schicksal, mit einer Anomalität geneckt zu werden, die nicht nur in Hoch-, sondern auch in Mittelgebirgsgebieten aufgrund des Jodmangels weiter verbreitet war und immer noch ist, als gemeinhin angenommen wird.

Noch heute leidet fast die Hälfte aller Frauen an einer solchen krankhaften Vergrößerung der Schilddrüse. Und während es in der Schweiz, wo nur noch jodhaltiges Kochsalz verkauft werden darf, kaum mehr »Kröpfli« gibt, begegnen einem hierzulande immer noch Leute »mit den Waden unterm Kinn«.

In Maichingen – so wird heute noch keinesfalls abgestritten – hat es früher eine überdurchschnittlich hohe Zahl von »Kropfigen« gegeben. Obwohl das Wasser aus mehreren Brunnen reichlich sprudelte und als gesund angesehen wurde, mußte es doch zu wenig jodhaltig gewesen sein; denn als Hauptursache für das oben beschriebene Maichinger Gebrechen wird allenthalben das Wasser angegeben. Die Bewohner der benachbarten Orte haben natürlich die besondere Anatomie vieler Maichinger schadenfreudig registriert und verschiedene Geschichten über die »Kropfjockel« oder auch »Kropfschelle« in Umlauf gebracht, so auch diese:

»Eine Maichinger Familie machte einmal einen Sonntagsausflug nach Sindelfingen. Die Kinder waren das erste Mal im Leben überhaupt aus ihrem Heimatdorf herausgekommen. Mit großen Augen beobachteten sie das städtische Getriebe mit dem für dörfliche Verhältnisse üppigen Kleidern und dem ungewohnten, vornehmen Gehabe der Stadtbewohner. Besonders genau musterte die älteste Tochter die flanierenden Damen und Herren der bürgerlichen Oberschicht. Nach einiger Zeit stupfte das Landkind die Mutter und meinte: »Du Mamme, send

die Weibsleut net wunderschön? Wenn i bloß au so schöne Kleider ond so an dünne Hals hätt!« Da fuhr der Vater streng dazwischen: »Sei ruhig mit de Kloider, dem hoffährtige Zeug, ond zom dünne Hals sag i dir oins, sei froh, daß du no alle Glieder hoscht!«
Eine andere »Kropfgeschichte« erzählte einmal ein alter Darmsheimer: »In meiner Kindheit fuhr ich eines schönen Tages mit meinem Onkel auf dem Fuhrwerk nach Maichingen. Dort wollten wir auf dem Bahnhof die Zuckerrüben abliefern. Ich war schon ganz gespannt, einige Maichinger »Kropfschelle« zu entdecken, von denen ich zu Hause schon so viel gehört hatte. Doch es war schlechtes Wetter, und wir begegneten außer einigen Frauen, die geschäftig vorbeigegangen waren, kaum einem Menschen. Auf dem Heimweg fragte ich den Oheim, wo denn die »Kropfjokkel« eigentlich gewesen seien. Der hatte gleich eine Erklärung parat: »Woischt, Bua, die Weiber, die du gsehe hoscht, hent ihre Kröpf alle onder ihre Kräge drückt und mit dene draufgnähte Rüsche gut versteckt!«
Neben der herkömmlichen Erklärung der Maichinger Necknamen, die in den eben geschilderten Anekdoten zum Ausdruck kommt, ist freilich auch noch eine andere Deutung möglich. Sie könnte auf eine Eigenart zurückgehen, die vielen eingesessenen Maichingern zugeschrieben wird. Ab und an müssen sie einfach den angestauten Ärger in einer gewitterartigen Schimpfkanonade loskriegen: als »Kropfleeretse« wird die-

ser Vorgang treffend bezeichnet. Und keiner wird das den Maichingern übelnehmen, denn ihre Kröpfe können ja viel mehr als andere schlucken, bis es bei ihnen – in Abwandlung einer alten Spruchweisheit – heißt: »Wes Herz voll ist, des Kropf läuft über!«

Die Malmsheimer Schnôcke

Warum die allenthalben als »sehr betriebsam« gerühmten Malmsheimer für »Schnôcke« gehalten werden, diese Frage ist nur schwer zu beantworten. Schon einfacher ist da die Erklärung, warum man sie nicht »Schnecke«, sondern »Schnôcke« heißt. Das liegt an der hier üblichen Aussprache des kurzen »e« als offenes »ô«. Zwar ist es bei »de Malmsemer« nicht so auffällig wie bei denen von Weilheim an der Teck, die man einst so auf den Arm genommen hat:

»*Nômm de Rôche* (= Rechen),
schlag de Blôsse (= Bläß, Kuhname),
daß 'r nemme frôsse kann.«

Aber immerhin schlägt die Uhr am Malmsheimer Kirchturm nicht »elfe«, sondern »ôlfe«, wer's nicht glaubt, der kann es zweimal täglich selbst überprüfen! Doch Spaß beiseite! Da es überall »sotte ond sotte« gibt, wird man auch in einer großteils betriebsamen Bevölkerung immer ein paar Langsame, Gemächliche, Bedächtige finden. Für die Renninger war das nie eine Frage, sahen sie doch in jedem »Malmsemer«, der sich den Rankbach aufwärts zu Fuß auf ihre Markung zubewegte, »a Schnôck, die 's Wiesetal nuffschleift«.

Nicht von der schnellsten Truppe war sicherlich jener Bauer, der eines Tages nach Eltingen ging, um in der Gipsmühle einen Sack voll »Ips« zu kaufen. Den Gipsmüller bat er, beim Abfüllen doch wohl recht ordentlich zu messen, denn er sei arm und müsse alles selber tragen. Der Eltinger »Ipsknüpfel« war ein rechter Spaßvogel und füllte den Sack bis zum Rand, daß man ihn kaum mehr lupfen konnte. Der Malmsheimer schulterte zunächst sehr erfeut seinen »Fang«, doch kam er auf dem Heimweg mächtig ins Schnaufen. Nur noch im Schneckentempo ging es vorwärts. So verfiel er in seiner Not darauf, alle paar Schritte einige »Schucker« Gips in den Straßengraben zu leeren. Und als er es schließlich über den Längenbühl geschafft hatte, da enthielt der Sack noch weniger Gips als er sonst heimzubringen pflegte. Auf die Neckerei eines sich auf dem Heimweg befindlichen Eltingers: »Du hoscht aber a kleins Schneckehäusle uff em Buckel«, antwortete der Malmsheimer: »I be au koa Lastesel«, und spielte dabei schlagfertig auf den Eltinger Spitznamen an. Die Malmsheimer »Schnôcke« kannten aber auch ganz andere Geschwindigkeiten, die jeden Spötter Lügen straften. »Wo 's will, geit dr Bock Milch!« Diese Redensart bewahrheitete sich einstmals in der Weise, wie es Karl Häfner in der Malmsheimer Chronik beschrieben hat:

»Als am Anfang des vorigen Jahrhunderts die Bauern noch wohlhabender gewesen sind und hoch zu Roß in die Amtsstadt kamen, hat sich der Ochsenwirt von Malmsheim folgendes geleistet. Er war zu einer Testamentseröffnung nach Leonberg eingeladen; dabei stellte sich heraus, daß er übergangen, also enterbt war. Im

Zorn darüber riß er dem Oberamtsrichter das Testament aus der Hand, zerriß es in Fetzen und warf es ihm vor die Füße. Dann stürzte er zur Tür hinaus und rannte dem Gasthof Löwen zu, wo er seinen Gaul stehen hatte. Als er das Pferd aus dem Stall zog und fortreiten wollte, kamen schon zwei Landjäger daher, und viele Leute hatten sich angesammelt. Der »Ochse« wollte Eltingen zu reiten, mußte aber umkehren, als die Polizisten zu schießen drohten. Trotzdem ging er aber nicht zum »Löwen« oder zum Gericht zurück, sondern sprengte durch die Schloßgasse zu den »hundert Stäffele«, ritt neben diesen hinab, Rutesheim zu, seine Verfolger hinter ihm her.

Als auf deren Zuruf der Klausenmüller und sein Knecht ihn aufhalten wollten, setzte er in die Glems hinein und ritt in gestrecktem Galopp darin weiter bis vor die Schweizermühle. Die Landjäger und wer sonst hinter ihm her war, konnten nicht mehr folgen, und er gewann durch das Wasserbachtal seine Heimat. Die folgenden Tage hielt er sich verborgen, zur Flucht bereit, weil er erwartete, vom Landjäger abgeholt zu werden. Allein er blieb unbehelligt. Der Richter soll die Sache weiterberichtet haben; vom König soll jedoch der tapfere Ritter begnadigt worden sein.«

Noch viele solcher Geschichten hat man einst im Flecken erzählt, bevorzugt an den langen Winterabenden beim »Lichtkarz«, in den Kunkelstuben, auf dem »Vorsitz«, wenn die Frauen und Mädchen gesellig beim Spinnen, Nähen und Stricken zusammensaßen und die Dorfneuigkeiten durchhechelten. Vieles ist vergessen, nur noch wenig klingt heute in den Ohren nach, wie jenes Leib- und Magenlied eines rauhbauzigen Originals, des sogenannten »Hühner-Alt«:

»O wie haun i d'Leut so bschisse,
hau de Göckler d'Schwänz rausgrisse,
ond für Heaher verkauft!«

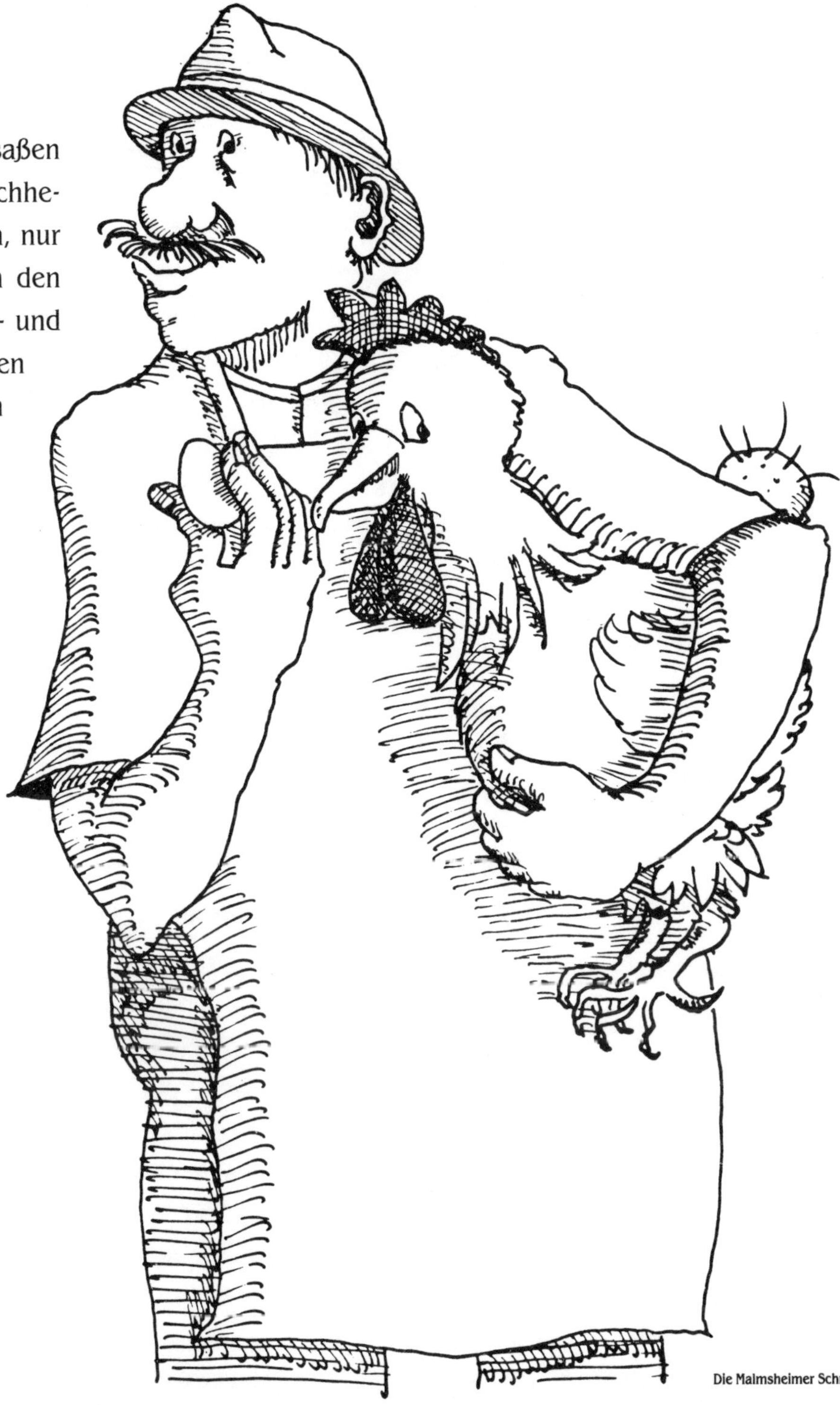

Die Merklinger Heugäwwele

»Besser ebbes wie nix! Sagt dr Deifel, als der d'Rührmilch mit dr Heugabel gfresse hat.«

Dieser Spruch könnte doch glatt von einem Merklinger stammen, spiegelt er doch eine Fähigkeit wider, die auch die »Heugäwwele« seit eh und je auszeichnet: Aus der Not eine Tugend, aus »nix« doch noch »ebbes« zu machen. Bei vielen Gelegenheiten haben sie das bewiesen. So entwickelte sich der Marktflecken an der Würm trotz mancher ungünstiger Umstände über die Jahrhunderte zu einem blühenden Gemeinwesen, insbesondere im landwirtschaftlichen Bereich. Alte Merklinger wissen zum Beispiel noch, daß sie mit der Würm so manche Last hatten. Einerseits war das Tal reich an saftigen Wiesen, dank der Überschwemmungen im Herbst und im Winter, die reichlich Schlamm als guten Wiesendünger heranführten. Andererseits pflegte das Flüßchen auch dann über die Ufer zu treten, wenn's ans Heuen und Öhmden ging. Da mußte man dann eben rasch zupacken und die »Heugäwwele« schwingen, um so viele »Heinzen« Futters in Sicherheit zu bringen, auch wenn man bis zu den Knien in der Strömung stand. Ihre Improvisationskunst bewiesen die Merklinger »Heugäwwele« schon vor Urzeiten in einer Auseinandersetzung mit den benachbarten Heimsheimer »Schlegler« (der Neckname »Schlegler« wird übrigens im Kapitel über die Höfinger »Erbsebäuch« näher erklärt). Gerhard Digel führt diesen Streit in der Merklinger Schulchronik in Versform an:

»'S isch gwä vorr wiaschd
wiaschd langer Zeid
em Wald uff Hoimsa zua:
Haigwäwweles- on Schlegler-
streid!
Seidhär gied's naachds koi Rua.

Wia guad isch ällas vohrhär gwä,
wia schee kennd's heid noo sai.
Dô baßd där Härraalbr Dräh
hald iwwerhaubd ned nai!«

Das im örtlichen »Gotzenbach- und Würmtalslang« verfaßte Gedicht beschreibt die allseits bekannte Sage vom »Hoihoi«, einem Waldschrat, der angeblich heute noch zu nächtlicher Stunde am und ums »Kugelbeer« herum, an der »Kädderleseiche« sein Unwesen zu treiben und »hoihoi!« zu schreien pflegt. Demnach ist der »Hoihoi« der Geist eines falschen Mönchs aus dem Herrenalber Klosterhof, der den Merklingern seinerzeit durch einen Meineid zur Erweiterung ihrer Gemarkung verholfen hat.

Die Heimsheimer erlaubten nämlich in alten Zeiten ihren Nachbarn, im Kugelbeerwald Holz zu schlagen, Laubstreu und Eicheln zu sammeln. Als nach Jahrzehnten die Merklinger per Gewohnheitsrecht den ganzen Wald als ihr Eigentum beanspruchten, kam es natürlich zum Krach! Eines Tages trafen sich Delegationen aus beiden Orten an der Kätterleseiche, um den Besitzstreit zu schlichten. Hin und her wogte

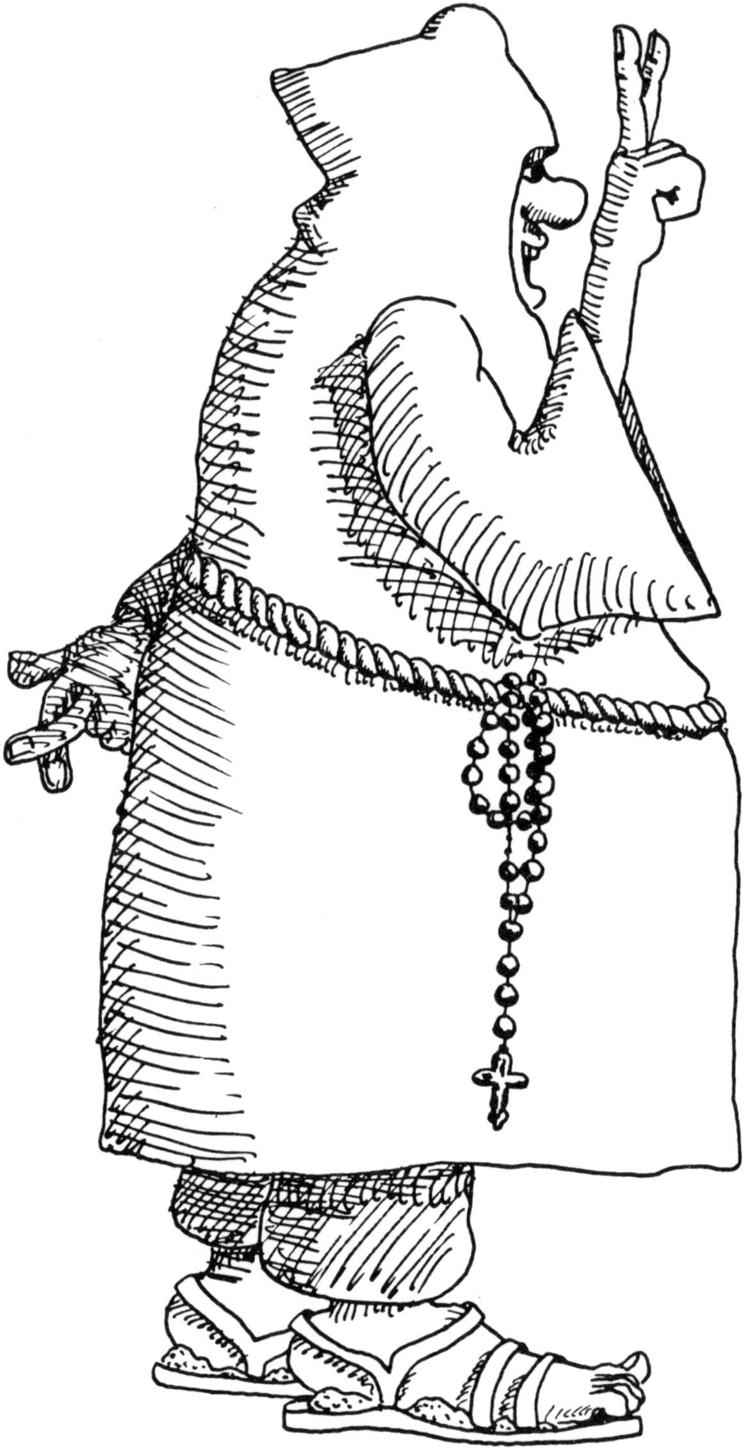

die erregte Auseinandersetzung, bis die Merklinger im letzten Moment den Städtern einen glaubwürdigen Zeugen im frommen Mönchsgewand präsentierten. Nach langem Grübeln und inbrünstigen Gebeten verkündete der die unumstößliche Wahrheit: »So gewißlich ich den Schöpfer über meinem Haupte habe, so gewißlich habe ich Merklinger Erde unter meinen Füßen!«
So war der Fall für die Merklinger entschieden. Der Haken an der Sache war freilich, daß der Spitzbub zwar wahr gesprochen, aber trotzdem einen Meineid geschworen hatte: Bei seinem Auftritt hatte er nämlich einen durch die Kapuze verborgenen »Schöpfer« (= Schöpflöffel) über den Kopf gelegt und einige Merklinger Dreckbollen in seine Schuhe

gestreut.

Noch heute streitet man sich, ob die Heimsheimer auf diesen »Dreh« hereingefallen sind oder nicht. Während die einen meinen, das Geisterdasein des falschen Mönchs sei die einzige Sühne für diese Untat gewesen, ist der Mundartpoet überzeugt, daß die »Hoimsemer« diesen ausgebufften »Laure« (= Schelm) ordentlich zur Rechenschaft gezogen hätten:

»Daß deen dr Deifl grammweis hoold,
henn d'Schlegler b'sorgd bei Naachd.
Weil, wär so liadrich d'Stadt vorkohld,
word oifach kirzr g'machd!

So dabbd 'r gaischdweis romm am Roi,
sain Meggl onram Arm,
a Jôhres dausad oddr moi
on gilfd, daß Godd erbarm!«

Die Münklinger Hutzelburger

»Mir send halt rechte Hutzelburger!« Diese Redewendung wurde in Münklingen schon von den kleinsten Kindern gut verstanden, wußten sie doch aus ihrer alltäglichen Erfahrung, wie wichtig es war, bei Einbruch des Winters über einen guten Vorrat an gedörrtem Obst zu verfügen. Große Mengen an Äpfeln und Birnen, in Münklingen auch bevorzugt Zwetschgen, wurden jedes Jahr auf der »Darre«, dem hölzernen, über dem Ofen befindlichen Gestell getrocknet. Wenn man daheim keine »Darre« besaß oder der Platz dort nicht reichte, konnte man das Obst auch im Gemeindebackhaus dörren. Egal, wo dies geschah, entscheidend war für jede Familie, daß die auf dem Dachboden, der Bühne, befindliche Holzkiste immer recht gut mit den »Hutzle« gefüllt war. Für diese Vorliebe waren die Münklinger genauso wie die Gebersheimer »Hutzle« und die Magstadter »Hutzlebäuch« im ganzen Gäu bekannt. Und so kam es, daß sie überall als »Hutzelburger« gehänselt wurden.

Fast noch mehr als durch ihre »Hutzel«-Lust kamen die Münklinger durch den »Drölle«, ein dort beheimatetes, berühmt-berüchtigtes Original, in aller Munde. Das war ein Bauer und Fuhrmann, dem allerhand illegale Taten nachgesagt wurden. Auch stand er in dem Ruf, daß bei ihm nicht alles mit rechten Dingen zugegangen sei. So wollen manche gesehen haben, wie er höchstpersönlich aus dem »Bühnefensterle« seines Hauses heraus als Zuschauer den eigenen Leichenzug beobachtete. Sogar schon zu seinen Lebzeiten hat es auf seinem Dachboden gespukt. Der echte »Hutzelburger« lagerte dort in der »Hutzlekischt« sein Dörrobst. Einer seiner Knechte schwor Stein und Bein, der »Drölle« sei ihm dort einmal als leibhaftiges Gespenst erschienen und habe ihn mit kaltem Hauch an die Schulter gefaßt, gerade als er voller Hunger an die Hutzeln gegangen sei. Fortan wagte er sich, so versicherte der Knecht, nie mehr das Bühneleiterle hoch. Andere meinen freilich, der »Drölle« hätte sich mit einem

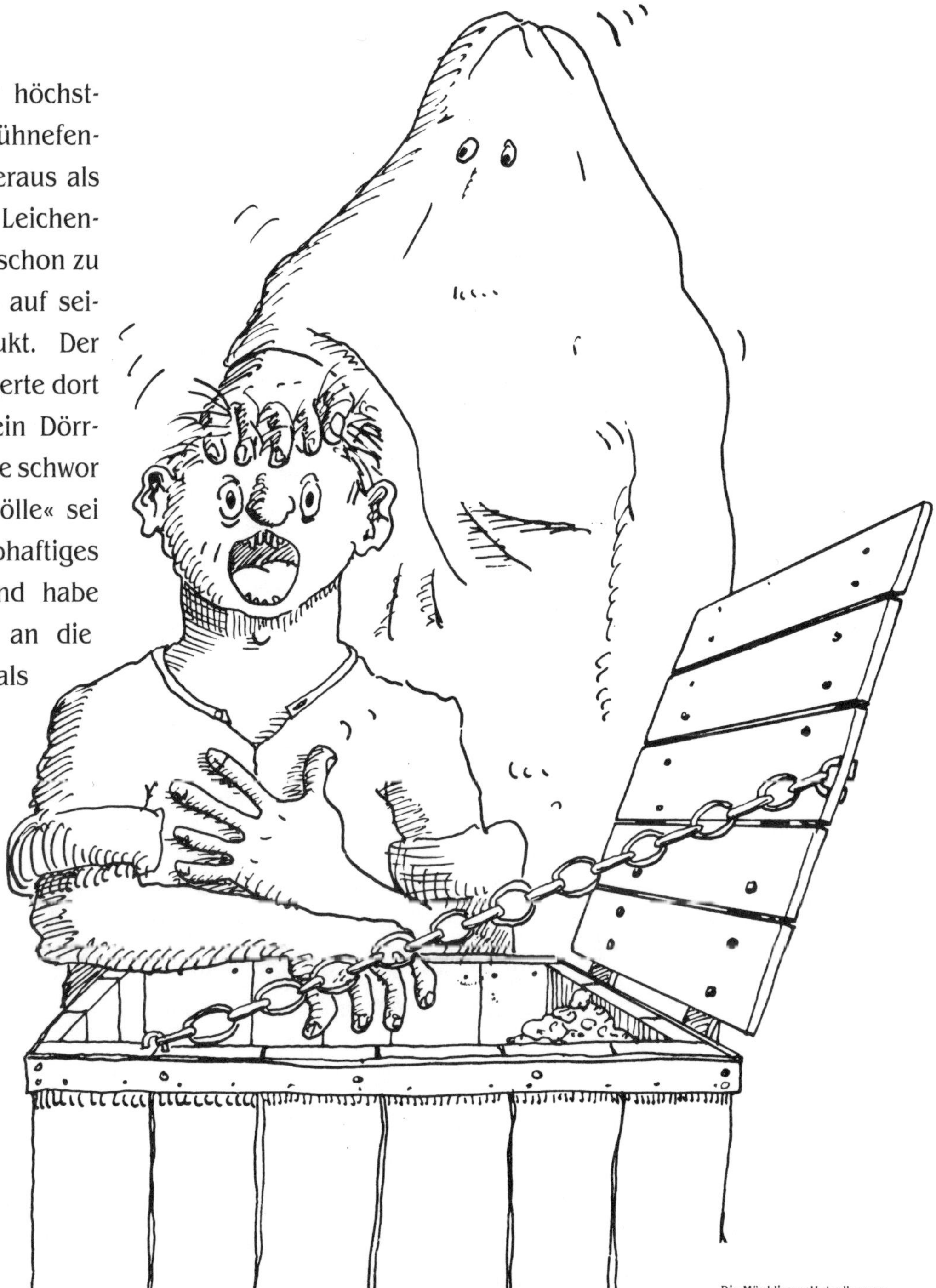

Leintuch verkleidet, um den etwas einfältigen »Hutzledieb« für alle Zeiten von seiner Freßsucht zu heilen.

Weniger gespenstisch, dafür umso einträglicher waren des »Drölle« schwarze Geschäfte. Er nutzte die Nähe der Grenze aus und schmuggelte ab und an Waren ins Badische hinüber. Oft trickste er die Zöllner aus, die natürlich ihren »Pappenheimer« auch kannten. Eines Tages täuschte er vor, schwarz über die Grenze gehen zu wollen. Ein Grenzer verfolgte und stellte ihn, fand aber keinerlei Schmuggelgut. Auf die Frage: »Warum läuft er mir denn davon, wenn er ein sauberes Gewissen hat?« antwortete der »Drölle«: »Ha wisset ihr, immer wann i en Grenzer sieh, no mueß i oifach laufe, was i kann. Woiß selber et, warom.« Und während er so den Zöllner ablenkte, war einer seiner Knechte ein paar hundert Meter weiter mit einer ganzen Wagenladung voller Schmuggelware über die Grenze gefahren.

Seither ist viel Wasser den Burggraben und die Würm hinabgeflossen. Doch in einem sind sich die Münklinger einig: »Liaber zeahmol mit em ›Drölle‹ g'neckt ond als ›Hutzelburger‹ verspottet als oimol an lädschige ›Hamburger‹ g'fresse!«

Die Neuweiler Heahr

Bei den Ortsneckereien zwischen Aich, Glems und Würm muß häufig die gefiederte Tierwelt herhalten. So sagt man beispielsweise über die Bewohner Neuweilers: »Des send halt reachte Heahr, wie se so uffgregt gackeret ond romscharret!«

Die Betroffenen selber ziehen freilich ganz andere Schlüsse und führen den Necknamen auf ihren sprichwörtlichen Fleiß und ihre Sparsamkeit zurück. Denn nur dadurch, daß sie jedes Korn und jedes Krümchen umkehrten, seien sie zu ihrem »Sach komme«. Andere leiten die »Heahr«-Neckerei davon ab, daß die Neuweiler früher nur Hühner gehalten hätten, weil sie die Gokkeler als unnötige Fresser ohne großen Nutzen ansahen. Die echten, uralten Neuweiler werden sich erinnern: Mit einer Sorte von »Gockelern« hatte man nichts im Sinn, nämlich den benachbarten Breitensteinern. Und sollte es eine Neuweiler Henne doch mal gewagt haben, sich mit einem Breitensteiner Gockeler einzulassen, so begleiteten ihren Auszug aus dem Heimatdorf mehr Verwünschungen als gute Wünsche. Mit demselben kräftigen »Kikerikii« wurde sie verabschiedet, das man auch einem Breitensteiner nachschrie, wenn er sich aus Versehen auf die Neuweiler Gemarkung verirrt hatte. Aber nicht nur früher, selbst in der jüngeren Vergangenheit sind Dinge geschehen, die ganz neue Interpretationsaspekte ans Tageslicht brachten. Da wir es hier überwiegend mit Tieren zu tun haben, möchte der Chronist – wie einst Aesop – die Geschehnisse in der unverfänglicheren Form der Fabel berichten:

»Im Schwabenland am Schönbuchrand lag einmal ein Hühnerhof, der über die Landesgrenzen hinaus bekannt war, weil er die fleißigsten, sparsamsten und schönsten Hennen weit und breit beherbergte. Mit der Zeit wurden die »Heahr« so stolz und selbstbewußt, daß sie nur noch zeitenweise einen Hahn unter sich duldeten, gerade so lange, bis die Brut gesichert war. Nach getaner Arbeit wurden die Hähne mit lautem Gegacker verjagt. Meist flüchteten sie über ein nahegelegenes Tal in das benachbarte Hühnergehege, wo sich mit der Zeit ein von »Gockeler« beherrschtes Gemeinwesen entwikkelte. Eines Tages freilich trafen auch die Hühner unseres Hofes auf ihren Meister.

Aus fernen deutschen Landen war ihnen ein Hahn zugeflogen, wie sie noch nie einen gesehen hatten. Der Gockel zeichnete sich nicht nur durch seinen prallroten Kamm und sein prächtiges Gefieder, sondern auch durch sein kräftiges Krähen und sein tatkräftiges Handeln aus. So beschlossen die Hühner, den einmaligen Zeitgenossen entgegen bisheriger Gewohnheiten in ihrem Reich zu dulden, ja ihn sogar zum Hühnerhofvorsteher zu wählen.

Der zugereiste Gockeler übernahm dieses Amt mit Freude und füllte es voller Hingabe aus. Unter seiner Leitung wuchs und gedieh der Hühnerhof, der Hahn setzte sich für die Küken und Junghennen genauso ein wie für die älteren Hühner. Neues Land zum Ausbau des Geheges wurde erschlossen, was alsbald auch buntes, auswärtiges Federvieh anlockte. Gegen die Bedenken der einheimischen »Heahr« setzte sich unser Gockeler – aus der eigenen Erfahrung heraus – durch und pflegte selbst mit den »Rein-g'schmeckten« freundschaftlichen Umgang. Ob seiner Fähigkeiten machte sich das Leittier auch außerhalb des heimischen Hühnerhofs einen Namen. Die Hühner und Göckel des ganzen Gaus, die sich der Pflege eines geordneten, musikalisch gestalteten »Kikeriki« und »Gack-Gack« verschrieben hatten, erkoren ihn zu ihrem Führer.

So wunderte es nicht, wenn nach Jahren auch der Präsident der »Feder-Vieh-Republic« aufmerksam wurde und dem tüchtigen Hahn eine hohe Auszeichnung verlieh.

Nur selten erinnerte sich das eine oder andere der »Heahr« an die Zeiten, als man noch weitgehend ohne Gockel ausgekommen war. Selbst wenn es einmal Ärger gab, wagte sich niemand zu rühren, denn der Hühnerhofvorsteher pflegte äußerst unangenehm zu reagieren, wenn jemand Zweifel gegenüber seinen Handlungen aufkommen ließ.

Doch eines Tages brach auf dem bisher so beschaulichen Hühnerhof doch Streit aus. Eine Henne, die schon häufig durch kritisches, keckes und auch freches »Geschnäbel« aufgefallen war, wagte den Aufstand. Sie war, wie konnte es auch anders sein, eine Zugereiste und zudem schon weit in der Welt herumgekommen. Die Auseinandersetzung entzündete sich an folgendem: Der Hahn hatte sich seit geraumer Zeit der Aufzucht junger Hähne verschrieben. Wie alles packte er auch diese Sache fachmännisch an. Deshalb durften es keine Gockeler einheimischer Abstammung sein, man brauchte frisches Blut. Am besten waren dazu Hähne aus dem US-Staat Rhode Island, sogenannte »Rhodeländer«, geeignet, die auf ihrem Stammbaum sogar rote malaiische Kämpfer und andere Rassen asiatischen Ursprungs verzeichnen konnten. Als Hähne mit heißem Kampfblut hatten sie naturgemäß einen entsprechend durchdringenden Kampfschrei auf Lager. Dieses Krähen war es, was die aufmüpfige Henne, eine schon gesetztere Dame in den besten Jahren, auf die Palme brachte. Tagsüber mochte es ja noch gehen, aber wenn die kampfbereiten Junghähne sie schon um halb vier Uhr morgens aus dem Schlummer rissen, dann verursachte dies bei ihr geradezu körperliche Schmerzen. Als alle Beschwerden beim Alt-Gockel nichts halfen, wandte sie sich an das hohe Hühnergericht. Doch auch dort hatte sie Pech, der Richter war ebenfalls ein Hahn, der seinesgleichen kein Auge aushackte. Erst vor dem Obergericht in der fernen Residenz wurde schließlich ein Ausgleich gefunden: Der Hühnerhofvorsteher durfte fortan nur noch zu bestimmten Zeiten eine begrenzte Zahl von Junggöckeln aufziehen und mußte dafür sorgen, daß es für diese nicht vor sechs Uhr früh künstlich Tag wurde, was sie bisher nämlich zum nächtlichen Gekrähe, aber auch zum preisgekrönten Wachstum besonders angeregt hatte. Die klagende Henne dagegen mußte zumindest tagsüber das gockelhafte Kampfgeschrei aushalten.«

Fabula docet – die Fabel lehrt: Auch für die streitbarsten Neuweiler »Heahr« gilt das Naturgesetz: »Ohne Gockeler isch nix!«

Die Perouser Welsche

Wie kein anderer im Kreis Böblingen hat der Perouser Neckname historisch-politische Wurzeln. Das Gebiet des heutigen Ortes gehörte Ende des 17. Jahrhunderts zur Markung Heimsheim. Da die Güter hier infolge des Dreißigjährigen Krieges öde lagen, gab Herzog Eberhard Ludwig von Württemberg diesen Platz im Jahr 1699 zur Ansiedelung geflohener Waldenserfamilien frei.

Die Waldenser gehörten einer im 12. Jahrhundert von dem reichen Kaufmann Petrus Waldes aus Lyon gegründeten Glaubensrichtung an, die aufgrund ihrer Forderung der apostolischen Armut und ihrer Praxis der Laienpredigt von der katholischen Kirche als Ketzerbewegung unerbittlich verfolgt wurde. Trotz der fast vollständigen Zerschlagung der Gemeinschaft überlebten einige Gruppen jahrhundertelang in den zwischen Grenoble und Turin gelegenen piemonteser Hochalpen, den schwer zugänglichen Nebentälern der Durance wie dem Chison-, dem Pellice- und dem Perouse-Tal.

In der Reformation dem Protestantismus beigetreten, wurden die Waldenser schließlich im Zuge der französischen Zwangskatholisierung nach der 1685 erfolgten Aufhebung des Toleranz-Edikts von Nantes aus ihrer angestammten Heimat vertrieben. Herzog Viktor Amadeus II. von Savoyen vollzog dies im Jahr 1698 auf Drängen des französischen Königs Ludwigs XIV., des sogenannten »Sonnenkönigs«.

Protestantische deutsche Landesfürsten wie der Herzog von Württemberg nahmen nun die Asylsuchenden auf, worauf die heimische Bevölkerung alles andere als erfreut reagierte. Liest man die Berichte vom Einzug der Perouser im Hecken- und Schlehengäu, so ist man lebhaft an »deutschtümelnde« Stammtischdiskussionen zum Flüchtlings- und Asylbewerberproblem erinnert. Die Heimsheimer etwa wehrten sich heftig, als man die Waldenser zunächst im Ort selbst ansiedeln wollte. Da aber nach zunächst 42 angekündigten über 70 Familien mit zusammen 242 Personen gezogen kamen, mußte man das Unterkunftsproblem anders lösen. So kam der zuständige Maulbronner Vogt Greber auf die Idee, die Waldenser »in die Gegend von Flacht an dem Halberg (= Höllberg)« unterzubringen. Bis die Ansiedlung hergerichtet war, sollten die Flüchtlinge in den umliegenden Flecken einquartiert werden, je 100 in Heimsheim und Mönsheim, 70 in Flacht. Doch gab es bald Streitigkeiten in den überfüllten Quartieren, und so zimmerten sich die Asylanten im »Dieb«, einem Wald westlich vom heutigen Perouse, sowie im Bonlandener Feld bei Heimerdingen eigene Hütten. Zu den Integrationsproblemen schreibt Willy Schray in der Flachter Ortsgeschichte:

»Daß die Einheimischen nicht besonders gut mit den Flüchtlingen auskamen, hatte mancherlei Ursachen. Die Waldenser waren keine hochgebildeten Hugenotten, sondern einfache, arme, durch Entbehrungen und Verfolgungen verzweifelte Bergbauern, deren Bildung weit unter der der Schwaben war. Zu diesem Gefühl der Geringschätzung kam dann noch das des Unwillens, da die Einheimischen den Perousern in der Fron, das heißt umsonst, die verwüsteten, ungebauten Äcker umbrechen und Fuhrfrondienst leisten, auch Geschirr unentgeltlich abtreten mußten.

Erst allmählich bekam Perouse sein heutiges Aussehen. Noch 1719 mußte der Leonberger Vogt 24 Baracken niederreißen lassen, um die Leute zu zwingen, ordentliche Häuser zu bauen. Viele hatten immer noch die Hoffnung, wieder in die alte Heimat zurückkehren zu können. Auch ein Stück Wald erhielten die Ansiedler zugewiesen, doch rodeten sie es rücksichtslos, um mehr Ackerland zu gewinnen. 1701 stellte es sich heraus, daß sie auch noch 40 Morgen fremden Waldes willkürlich gehauen hatten. Der Feldmesser mußte die Markung in Parzellen einteilen, die ziemlich schmal und lang ausfielen und von den Waldensern spottend »la sanya« (= Nudeln) genannt wurden. Als anmaßend wurde die Forderung der Waldenser empfunden, ihnen Weinberge auf Mönsheimer Gemarkung zu überlassen, daß jede Familie etwas Wein habe. Ferner wurde geklagt, daß man ihnen ›erst zeigen müsse, wie sie den Pflug führen, die Ochsen anspannen und dieselben gewöhnen sollen, da sie in Piemont ihre steilen Äcker und Gärten ohne Pflug bebauten‹.«

Jahrzehnte also dauerte es, bis

die Einwanderer einigermaßen etabliert waren. Doch weiterhin blieben sie bei den Einheimischen der umliegenden Dörfer die »Welsche«; denn nicht nur in der Körpergestalt, in den Sitten, in der Lebensweise und in der Religion (die Waldenser bekannten sich zur reformierten, nicht wie der Großteil der Württemberger zur lutherischen Konfession), sondern vor allem in der »welschen« Sprache waren die Unterschiede sichtbar. Die Amtssprache des Perouser Gemeinderats war bis 1774 französisch, bis 1825 wurde im Gottesdienst französisch gepredigt und noch bis ins 20. Jahrhundert war vereinzelt der frankoprovenzalische Dialekt lebendig, eine Mischung aus Italienisch und Französisch. Der Mundartforscher Friedrich E. Vogt hat vor Jahren die letzten Überreste der in »Barrausche« – so hieß Perouse im Dialekt – gesprochenen »welschen« Sprache festgehalten und unter anderem jenes neckische Lied notiert:

»Margarita, Pjäre ruu,
kaire luu ave u d äipuu?
Sink a la vinja,
sai ai pra,
sät a la gäära
pär sauda!«

Auf deutsch heißt das:
»Margarete, rothaariger Peter,
wie viele, beim Wolf, hast du
Gspusi?
Fünf im Weinberg,
sechs auf der Wiese,
sieben als Soldaten
im Krieg!«

Die Perouser, das zeigen diese

Spottverse, hatten Sinn für Humor. So ertrugen sie es mit Fassung, als sie in späteren Zeiten nicht nur als »Welsche«, sondern – nun endlich im Schwabenland integriert – auch als »Hoppele« (= Tannenzäpfchen) geneckt wurden. Und das kam so: Da Perouse erst im Jahre 1839 eine eigene, und dazu natürlich sehr kleine Markung erhielt, herrschte häufig auch Mangel an Brennholz. Und so sammelten sie jeden Sonntag im »Tannewäldle« eifrig die begehrten »Hoppele«. Daß es oft nicht nur bei den Zapfen geblieben ist, darauf spielt ein Chronist noch vor etwa 100 Jahren an, wenn er von den berüchtigten »Holzexzessen« schreibt, welche von den Perousern in den nahegelegenen Waldungen begangen wurden.

Diese Querelen hat man heute schon lange vergessen. Geblieben sind aber die Necknamen und vielleicht auch das südländische, »welsche« Aussehen mancher Nachfahren der alten Perouser, die vor fast 300 Jahren im Ländle eine neue Heimat gefunden haben. Sie alle fallen hier nicht mehr auf. Genausowenig wie in einigen Jahrzehnten die Nachkommen unserer heutigen ausländischen Mitbürger auffallen werden, sofern sie dieses Land als Heimat gewählt haben. So kann man die Perouser »Welsche« durchaus als Vorbilder für die multikulturelle Gesellschaft des 21. Jahrhunderts ansehen.

Die Renninger Schnaigees

Wenn nach uralten Traditionen am Martinstag oder am Weihnachtsfest in Millionen von Backröhren die Gänsebraten schmoren, auf den Herden das Blaukraut köchelt und in den Töpfen die Kartoffelknödel ziehen, dann denkt kaum einer daran, daß nur der zehnte Teil des Geflügelfleisches aus deutschen Landen stammt. Gänse gehören demnach auch heutzutage noch – zumindest hierzulande – zu einer eher raren Gattung von Federvieh. Und herrschte nicht in den osteuropäischen Staaten chronischer Devisenmangel, so müßten zahlreiche Feinschmecker ihre Martins- oder Weihnachtsgans vom Küchenzettel streichen.

Auf die Gänse-Rarität nicht verzichten wollte auch einmal in grauer Vorzeit der Renninger Schultes, als er die Mitglieder des Dorfgerichts zum jährlichen traditionellen Martinsessen einzuladen hatte.

Von diesem Ereignis berichtet eine im frühneuhochdeutschen Stil des Renninger Lagerbuchs verfaßte, alte Aufzeichnung:

»Es begab sich, daß der Renninger Veldtschütz ein Nest mit Eiern fand, so von wilden Genzen, welche man auch Schneegenz nennet, in die Binsen am See geleget warn. Als er dies dem Schultheißen dienlichst anzeiget, ward ihme der befürlich, die Eier einer Brutganz zu geben und dieweilen die jungen Genze ufzuziehen als des Fleckhen Eigentumb. Der

Schütz tat, wie ihm geheißen und trieb des Sommers die jungen Schneegenz Tag vor Tag mit den anderen Genzen uf die Allmand, darob sie prächtiglich gediehen. Uf Martini aber, wann von dem Schultheißen dem Gericht und Zusatz die Suppen und der Trunk zu raichen war, hieß der Schulze den Schützen die Genz abtun und zurichten. Dieweilen derselbig, ohn sich recht zu bedenckhen, den Genzstall uffmachte, zog eine Schar wilder Genz mit großem Geschnatter hoch in den Lüften über das Dorf. Allsogleich reckten die Genz des Schützen die Köpfe, machten die Hälz lang und flatterten uff und davon, den Schwestern nach. Der Schultheiß ließ den Schützen hart an ob gemeldter Sach und befahl ihm, sein Maul z'halten, daß nichts mit

uffkäme im Fleckhen von der Bosheit der Genze.
Darnach trug er ihm uff, insgeheim einen Bock zu metzgen und zuzurichten, sintemalen noch keiner Fleisch von wilden Genzen gessen habe und allso auch keiner wisse, wie es schmecke. Auch hülffen einige Kannen Weins sicher dabei, daß kein unrecht Gedanke uffkäme. Allenthalben aßen so Gericht und Zusatz das Fleisch des Bockes und meinten, es sei von Schneegenzen. Einer freilich, der ein Leckhermaul war, sagete bei dem Mahle, das Fleisch von den Schneegenzen munde ihm zwar sehr gut, aber er meine zu schmeckhen, daß es nicht wenig bockelet. Aus der Ursach man die Renninger hinfür Schneegenz nennete.«
Wenn man sich in Renningen so umhört, wollen viele Alteingesessene nichts von dieser schwankhaften Deutung ihres Necknamens wissen, obwohl sie doch durch die altertümliche Quelle als sicher verbürgt scheint. Ihnen gefällt viel besser die schmeichelhaftere Auslegung, durch die der Spottname zu einem wahren Ehrentitel für die erst jüngst von Dörflern zu Städtern aufgestiegenen Renninger erhoben wird:
»Während unsere gewöhnliche Hausgans dumm aussieht, wenn sie so auf der Wiese daherwakkelt, ist die Wildgans alles andere als tölpelhaft. Aufgrund ihrer Klugheit und Vorsicht wird sie nur selten vom Jäger geschossen. Der lebhafte Vogel ist den ganzen Tag in Bewegung, gerade so wie die Renninger. Schon am frühen Morgen sieht man diese auf dem

Feld ausschwärmen, und erst am späten Abend kehren sie zurück. Weil das in den Nachbarorten nicht so ist, deshalb haben diese die Renninger schon immer auf gut schwäbisch ›Schnaigees‹ geheißen.«

Die Rutesheimer Rohstrugel

»'S gibt bloß oe Ruodomse!« bemerkte einmal ein Rutesheimer Lokalpatriot. Schon mit diesem Satz hat der auswärtige Leser seine Probleme; denn die Rutesheimer pflegen eine ganz besondere Mundart. Wenn dort zur Gabel »Gawwl«, zum Käfig »Keffich«, zur Haferflockensuppe »Hawerflockesupp«, zu Blättern »Blättsche«, zu Brombeeren »Brofels«, zu Ameisen »Emaose« und zu Klatschmohn »Batscheblome« gesagt wird, dann merkt auch der Fremdling, daß es sich hier nicht mehr um reines Schwäbisch handelt, sondern daß hier schon der benachbarte Dialekt, das Fränkische, starken Einfluß ausübt.

Doch nicht nur die Mundart, auch manches andere ist bei den Rutesheimern anders als bei den schwäbischen Nachbarn. Hier ist zuerst ihre Leibspeise oder ihr »Nationalgericht« zu nennen. »Rohstrugel« heißt dieses, und dahinter verbirgt sich auf hochdeutsch ein »Rahmstrudel«. Jede waschechte »Ruodomsere« betrachtet es als ihre Ehrensache, das Rezept dieser Köstlichkeit von Generation zu Generation weiterzureichen:

Zubereitet wird die Teigspeise in einem besonderen Gefäß, dem »Scherwa« (= Scherben), einer irdenen Form. Man knetet zunächst einen Nudelteig, wellt diesen aus und formt ihn zu kleinen Kuchen. Diese werden dann in das Tongefäß gestellt, darauf kommen Milch und Apfelstücke. Das

Ganze übergießt die Köchin schließlich mit einer »Trialete« aus Rahm, Eiern und Salz und bäckt es im Ofen.

Kommt ein heißer »Rohstrugel« auf den Rutesheimer Eßtisch, dann stürzen sich alle mit Heißhunger drauf. Selbst die Mitglieder der »Fast-food-Generation« schieben die sonst geliebten Papp-»Big Macs« und Pommes verächtlich beiseite, wenn die Großmutter den dampfenden Rahmstrudel auftischt.

Von dieser Vorliebe der Rutesheimer berichten auch zwei Anekdoten, die wohl mit dazu beigetragen haben, den Necknamen von den »Rohstrugel« oder »Rohstrugle« im Ländle zu verbreiten: Es war zu Zeiten, als die Menschen noch wußten, was Sparsamkeit hieß, wo man noch haushalten mußte, aber auch haushalten wollte mit dem »Sach«, das einem gegeben war. Und selbst wenn man es nicht mehr so nötig hatte zu sparen, dann tat man es doch, es war zur eingefleischten Tugend geworden. Von solcher Grundhaltung zeugten auch eine alte Rutesheimerin und ihr Mann. Selbst den geliebten »Rohstrugel« hatten sie sich nur selten erlaubt und dabei noch ein schlechtes Gewissen ob solcher Völlerei gehabt, eingedenk des Schriftwortes: »Saufen, Fressen und dergleichen, die solches tun, werden das Reich Gottes nicht erben.« (Gal. 5,21). Als die fromme alte Frau nun ihrem Ende entgegenging und auf dem Sterbelager ruhte, bewegte sie noch ein letzter Wunsch: die Lust auf einen warmen »Rohstrugel«. Mit schon

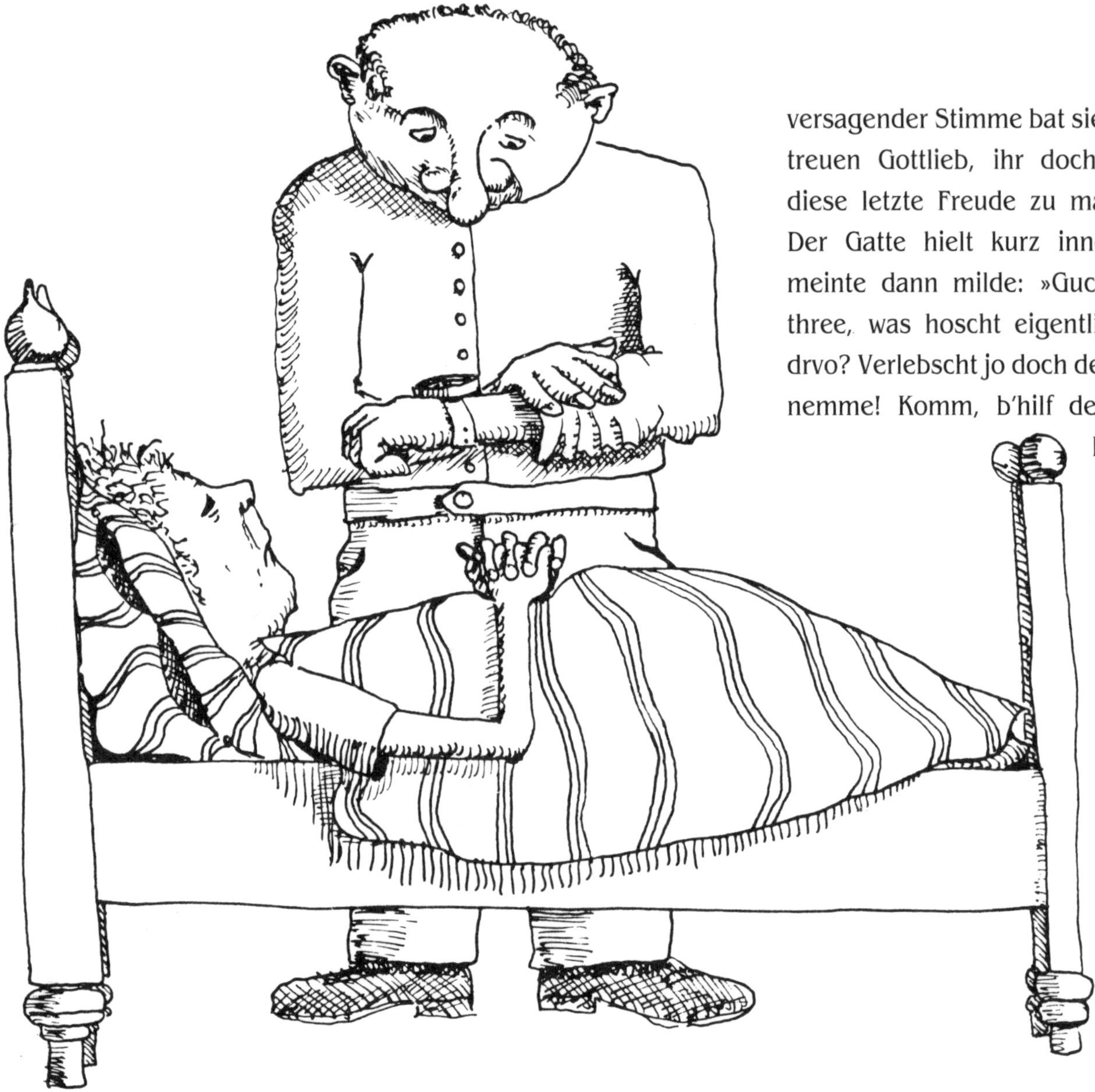

versagender Stimme bat sie ihren treuen Gottlieb, ihr doch noch diese letzte Freude zu machen. Der Gatte hielt kurz inne und meinte dann milde: »Guck, Kathree, was hoscht eigentlich no drvo? Verlebscht jo doch de Obed nemme! Komm, b'hilf de no a bißle!«

– Die Kathrin seufzte tief und hauchte mit letzter Kraft: »Hoscht eigentlich reacht, Gottlieb, 's muß net o'bedingt sei, i b'helf mi so no voll nieber!«

Ganz anders ging es jenem »Ruodomser«, der einmal auf den Tod erkrankte, so daß ihm der Doktor keine Chance mehr gab. Strenge Diät war verordnet, und sein Weib tat alles, um ihn aufzupäppeln. Aus dem Fiebertraum erwachend, verlangte er eines Tages aber eine gute Portion »Rohstrugel«. Auf Befragen der Gattin fand es der Arzt höchst bedenklich, diesem Wunsch nachzugeben, dies würde – so seine felsenfeste Diagnose – den sicheren Tod des Patienten bedeuten. Hin- und hergerissen war die treusorgende Frau, zumal der Kranke noch mehrmals mit allem Nachdruck seine »Leibspeise« einforderte. Schließlich rang sich die Gemahlin doch zum Nachgeben durch. Da es ja ohnehin mit ihm zu Ende ginge, sollte er doch wenigstens seinen Herzenswunsch erfüllt haben. Liebevoll machte sie sich an die Zubereitung des letzten Mahls. Löffel für Löffel flößte sie ihrem Mann den Rohstrugel ein, und trotz aller Schwächung wollte der fast nicht mehr aufhören. Voller Bange wartete man dann auf die bösen Folgen. Doch was geschah? Schon am nächsten Morgen stellte sich bei dem Todkranken eine leichte Besserung ein, und binnen zweier Wochen war er schon wieder auf den Beinen.

Und kein »Ruodomser Rohstrugel« wird jemals daran zweifeln, daß das »Nationalgericht« diese wunderbare Genesung bewirkt hatte.

Die Schafhausener Hôke

In zweierlei Weise haben die Schafhausener schon seit unvordenklichen Zeiten Berühmtheit erlangt: einmal mit ihren alten Hochzeitsbräuchen, zum anderen mit ihren »Hôke«. Die ländlichen Bräuche wurden dort immer noch gepflegt, als sie in anderen Dörfern schon längst als »altmodisches Zeug« abgeschafft waren. Eine alte Aufzeichnung – festgehalten von Eberhard Benz – berichtet:

»In Schafhausen drunten, so wußte der Großvater zu berichten, ist zu seinen Zeiten zu feierlichen Hochzeiten – das sind solche mit Predigt in der Kirche und Tanz im Wirtshaus – von der Braut und ihrer Gespielin Haus für Haus ohne Unterschied geladen worden. Zum Kirchgang hat der Bräutigam seinen Gesellen, die Braut ihre zwei oder drei Gespielinnen und den Brautführer gehabt; der hat sie, eine Lilabandschleife mit Rosmarinzweig in der Hand, mit einer Verbeugung zum Altar geführt. Und das ist immer ein ganz feierlicher Augenblick gewesen. Die verheirateten Mannsleute aus der Verwandtschaft sind in den Gemeinderatsstühlen gesessen; die Väter der Brautleute und ein etwaiger Vormund, auch der eine oder andere Verwandte, dem man eine Ehr hat antun wollen, die haben ein ellenlanges, flatterndes schwarzes Band im Knopfloch getragen. Wann die Kirche aus gewesen ist, da haben sich die Kirchenleut, und wer sonst um den Weg war, vor der Kirchtür aufgestellt – auf der einen Seite die Männer, auf der anderen die Weiber, das Brautpaar und Gefolge. Und der Schulmeister, in der Hand die Bandschleife, die er vom Brautpaar bekommen hat, der pflegte allemal eine schöne Rede zu halten.

Alsdann hat die Zechhochzeit begonnen. Heiratete die Braut aus dem Flecken hinaus, so ist sie mit dem Hausrat auf einem Wagen feierlich abgezogen. Auf den Kästen sind die Betten gebreitet gewesen, mit selbstgesponnenen Stücken reinlich überzogen; hat es auf die Ziechen geregnet, so hielt man das für ein gutes Zeichen. Vorn auf dem Wagen ist die angelegte Kunkel gestanden, mit Spindeln besteckt und womöglich mit einigen Äpfeln behängt; hin-

ten hat eine Wiege nicht fehlen dürfen. Und während des Auszugs ist von den ledigen Burschen des Fleckens geschossen worden.«

Die andere Besonderheit der Schafhausener sind die »Hôke«. So wird ein Gerät genannt, das man bei der Ernte von Äpfeln und Birnen benutzt. Auf dieses legten die Hausemer offensichtlich besonderen Wert, weil man damit die Frucht auch von den höchsten und unzugänglichsten Ästen ernten konnte. Darauf war man aber angewiesen, denn der Obstbau brachte wenig Ertrag, und so hatten jede einzelne Birne und jeder Apfel ihren Wert. Auch insgesamt verlangte der steinige Ackerboden der Gemarkung einige Anstrengung von Seiten der Bebauer. Nur mit sehr großem Fleiß war es möglich, sein Auskommen zu erhalten. Gar manche Schafhausener Bauersleute kamen schon um die vierzig als krumme, gebückte Gestalten, eben als »Hôke« daher.

Erst richtig populär wurde der »Oname« aber durch eine Begebenheit, bei der die Schafhausener Feuerwehr zur letzten Rettung wurde: In Dätzingen, dem Nachbarflecken, hatte einmal der Blitz in ein Anwesen geschlagen. Binnen Minuten stand das stattliche Gebäude lichterloh in Flammen. Wie Zunder brannte der Dachstuhl, noch selten hatten die Dätzinger einen solchen Brand erlebt. Die örtliche Wehr war nach kaum einer Viertelstunde mit über 40 Mann zur Stelle. Im Karacho wurde der von Pferden gezogene Spritzenwagen in Position gebracht, 16 Mann schwangen den Pumphebel, der Spritzenmeister zielte gekonnt auf den Brandherd. Über eine Kette sorgten die übrigen Floriansjünger mit Eimern und Bütten für reichlichen Wassernachschub. Der Schweiß floß, die gezwirbelten Schnauzbärte zitterten, allein das Feuer loderte unvermindert weiter. Auch die zur Verstärkung ausgerückte Döffinger Feuerwehr konnte kaum mehr etwas ausrichten. Inzwischen war nämlich die Glut so heiß geworden, daß sogar die eisernen Einreißhaken zu glühen anfingen und gerade gebogen wurden. Wer sollte nun die Brandherde auseinanderreißen? Zu allem Unglück stürzte noch eine Brandmauer ein und auch die Nachbargehöfte waren ernsthaft bedroht. Es blieb nur noch eine Chance: die Schafhausener Einreißhaken, die als besonders stabil bekannt waren. Aber obwohl man schon bald nach dem Ausbruch des Brandes einen der beiden Hornisten mit dem Fahrrad losgeschickt hatte, wollten die »Hausemer« partout nicht eintreffen. Wie es so ist, wenn's besonders pressiert, konnte es der Dätzinger Feuerwehrkommandant kaum mehr erwarten. Sein weißer Helmbusch wirbelte wild umher. Immer wieder rief er händeringend: »Oh Jesses, Maria ond Josef, wann kommet denn endlich die Hausemer Hôke?« Und es waren genügend Gaffer aus der ganzen Umgebung anwesend, die nicht nur ihre pyromanische Sensationsgier befriedigen, sondern später auch die »Fama« von den Schafhausener »Hôke« verbreiten konnten.

Die Schönaicher Genfer

Ein außergewöhnliches »Völkle« waren sie schon immer, die Schönaicher: »Sie haben etwas Eigentümliches in ihrem Äußeren und repräsentieren einen besonderen Stamm, so daß man sie leicht von den Bewohnern der Nachbarorte unterscheiden kann«, meinte bereits vor hundert Jahren der Verfasser der Oberamtsbeschreibung. Besonderheiten, Eigenarten aber ziehen leicht Spott auf sich. »Türkei« nannte man das Dorf einst nach einem Ortsteil, der in alten Büchern schon um das Jahr 1580 als die »Tübinger Vorstadt«, später eben abgewandelt als »Türkey« erscheint. Dort lebten die weniger begüterten Familien des Orts, die vor allem in der Nachbarschaft zuweilen als Sonderlinge oder beim Taglöhnern, Betteln und Hausieren aufgefallen waren.

Etwas jünger ist der Neckname »Genf am See«, insbesondere im nahen Böblingen im Schwange, wo man sich darüber lustig machte, daß die Schönaicher auf ihre Seen im Weihdorf und auf den Egelsee in der Hegnerwegzelg genauso stolz waren wie die Oberamtsstädter auf ihren Oberen und Unteren See.

Neben dieser »geographischen« Deutung kursierte früher auch eine »soziologische« Variante, deren Anhänger so argumentierten: »Was lag näher, als eine Gemeinde, in der Deutsche, Schwaben, Türkeyleute und Reingeschmeckte wohnten, in den Zeiten, als der Genfer Völkerbund florierte, mit dem Namen ›Genf am See‹ zu bedenken?« Noch tiefer ging der »theologische« Deutungsansatz, der meinte, ein in Schönaich besonders ausgeprägter, calvinistisch anmutender Erwerbssinn hätte die Nachbarn dazu veranlaßt, vom schwäbischen »Genf am See« zu sprechen.

Außerdem berichtet ein Schulmeister um die Jahrhundertwende von einer höchst interessanten, wortspielerischen Weiterentwicklung des Spitznamens »Genf am See«, nämlich der rätselhaften Formel »Branntwein im Haar«. Nach Auffassung des Pädagogen rührt diese daher, daß die Schönaicher Frauen und Mädchen ihren Haaren besondere Sorgfalt und Pflege angedeihen ließen. Kein Wunder, sie galten schon von alters her als besonders attraktiv: »Die Schönaicher sind körperlich ansehnlich und wohlgebildet, besonders zeichnet sich das weibliche Geschlecht durch seine Gesichtszüge aus.«

So hat sich mancher Jüngling aus den Nachbarorten in eine »Genferin« verguckt. Nicht nur nach Weil und Böblingen, sondern bis nach Rohr bei Stuttgart wurden zarte Bande geflochten, was freilich einmal für zwei Mädchen mit »Branntwein im Haar« ein tragisches Ende genommen haben soll. Davon zeugt der sogenannte »Zweijungfernstein«, den vor hundert Jahren Waldarbeiter im »Burgerwiesle«, einem Waldstück zwischen Schönaich und Rohr östlich von Böblingen, gefunden haben. Das steinerne Bildnis, ein roh gearbeitetes Relief aus grob-

körnigem Sandstein, zeigt zwei weibliche Figuren, die von Experten als die römische Jagdgöttin Diana mit ihrer Nymphe gedeutet werden. Der Volksmund sah dies freilich anders, und zwar so:

»In Schönaich lebten in alter Zeit zwei ausnehmend schöne Mädchen. Eines Tages im Spätherbst durften sie für einige Tage ihre Muhme im benachbarten Rohr besuchen. Diese nahm sie abends zum Lichtkarz mit, wo die Frauen und Jungfern spannen, Geschichten erzählten und sich zu später Stunde heimlich auch allerlei lustiges Volk einfand. Darunter hatten es zwei fröhliche Rohrer Burschen den schönen Schönaicherinnen besonders angetan. Der Abschied fiel schwer, und heimgekehrt, sannen die Mädchen voller Sehnsucht darauf, wie sie möglichst bald ihre Gespielen wiedersehen könnten. Obwohl der Winter immer härter und kälter wurde, überredeten sie ihre Eltern, sie eines Nachmittags, kurz vor Weihnachten, gen Rohr ziehen zu lassen. Elsenhalde und Kohlhau waren rasch erreicht, doch je länger der Weg sich hinzog, je tiefer der Schnee lag, desto erschöpfter wurden die Mädchen. Zum Rohrer Pfad gelangten sie noch, doch dann verirrten sie sich mit zunehmender Dunkelheit im düsteren Wald. Nie kamen sie am ersehnten Ziel an. Erst nach Tagen verzweifelter Suche wurden sie eng umschlungen unter einer Tanne gefunden – zu spät, um sie aus dem ewigen Schlaf zu wecken. Ihnen zum Gedächtnis wurde – so die Sage – das steinerne Bildnis errichtet und die Stelle für alle Zeiten ›Bei dem Zweijungfernstein‹ benannt.«

Eine ganz einfache Erklärung gibt es für einen weiteren Übernamen der Schönaicher. »Raupe« waren sie wie die Tübinger und viele andere deswegen, weil bei ihnen Wein angebaut wurde. Schon im 16. Jahrhundert taucht dieser alte Spottname für die Jünger Sankt Urbans auf, zunächst in Tübingen, dann aber auch in vielen anderen Wengertergemeinden. Bis vor siebzig oder achtzig Jahren gab es am Schönaicher First, an der Halde bei der Pfefferburg noch Weingärten. Im 19. Jahrhundert verdienten die Schönaicher »Raupe« mit ihren rund 35 Morgen umfassenden Weinbergen sogar noch gutes Geld, 1846 erzielten sie mit einem sehr angenehmen Silvaner 60 Taler pro Eimer und damit den drei- bis vierfachen Preis normaler Jahrgänge. Bei fünf bis sechs Eimer Ernte und einem Grundstückspreis von 100 bis 300 Taler pro Morgen hatte dieser Rekordjahrgang natürlich eine gute Rendite abgeworfen, er war freilich eine Ausnahme geblieben.

Noch viele Anekdoten und Geschichten können einem die alten »Scheeoacher« erzählen, wie die von jenem Geißbock, den der Bauer Schimpf vor etwa 50 Jahren bei einer Schönaicher »Corrida« gegen junge Burschen aus dem ganzen Schwabenland antreten ließ. Dabei nahm das Böckle selbst die kräftigsten »Bockkämpfer« auf die Hörner und blieb im Zweikampf unbesiegt.

Unvergessen bleibt auch jener Empfang des neuen Schultheißen durch den Gesangverein. Der Dirigent hatte das sinnige Wanderlied »Ein Sträußchen am Hute, den Stab in der Hand ...« ausgewählt, dessen Verse jeweils mit »... doch fort muß er wieder, an anderen Ort« enden. Und just in den Momenten, als der Bürgermeister am Rathaus, kurz darauf an der Dienstwohnung angekommen war, sei dieser Kehrvers aus vollen Kehlen erklungen.

Wer aber noch mehr Schönaicher Geschichten hören will, der soll – auf gut schönaicherisch hört sich das so an – »amol a bißle dur'n Flecke laufe, mit de Scheeoacher schwätze ond guat losne (= hören), was d'Leut so verzeahlet.«

Die Sindelfinger Käsreiter

Wie viele andere schwäbischen Städter haben auch die Sindelfinger die zweifelhafte Ehre, sich mit mehreren Spitznamen schmükken zu dürfen. Sowohl als »Käsreiter« wie auch als »Säujäger« hat man sie in den Annalen des schwäbischen Volkshumors verzeichnet. Sie sind damit weit glimpflicher davongekommen als viele andere.

Die Sindelfinger bevorzugen selbstverständlich den Übernamen »Käsreiter«, weist dieser doch immerhin eine jahrhundertealte Tradition auf. Seine Wurzeln gehen bis ins 16. Jahrhundert zurück, er hängt unmittelbar mit dem volkstümlichen Brauch des »Kuchenritts« zusammen, von dem eine alte Ortssage berichtet. Sie erzählt aus der Zeit, in der Herzog Ulrich von Württemberg (1487 – 1550) wegen seiner gewalttätigen Übergriffe und verschiedener Skandale vom Kaiser geächtet und für 15 Jahre aus seinem eigenen Land verjagt worden war. Obwohl der Landesherr vor seiner Vertreibung im Jahr 1514 den Aufstand des »Armen Konrad« mit aller Strenge niedergeworfen hatte, wurde er gerade während seiner Verbannung und im Bauernkrieg von 1525 für viele, auch die ärmeren Württemberger, zu einer charismatischen Figur. Davon zeugt die oben erwähnte, von Eberhard Benz im »Häseltrog« vor Jahrzehnten schriftlich aufgezeichnete Episode:

»Als Herzog Ulrich landflüchtig war, da hielt er sich öfters heimlich in seinem Lande auf, von treuen Anhängern verläßlich geborgen. Einmal streifte der Herzog im Glemswald; es war gegen Abend an einem trüben Spätherbsttag. Da widerfuhr es ihm, daß er ums Hinumgucken den Spähern seiner Feinde in die Hände gefallen wäre, galt er doch als edles Wild, das zu stellen Lohn versprach. Aber es gelang dem Verfemten, seinen Verfolgern zu entkommen. Dabei verirrte er sich jedoch in den weglosen Wäldern. Schon sank die Nacht herein, da begegneten dem Herzog etliche junge Burschen aus dem Städtlein Sindelfingen; sie hatten Rosse von der Tagweide heimgeholt und sich dabei verspätet.
Auf seine Bitte gaben sie dem Herzog eines ihrer Pferde und geleiteten ihn treulich hinter Sindelfingens feste Mauern, wo er zunächst geborgen war.
Diese Tat vergaß der Herzog den Sindelfingern nie. Als er später sein Land wiedergewonnen hatte, da machte er der Stadt und ihren Bürgern zum Gedächtnis eine Stiftung, das Kuchenfest genannt. Alle Jahre am Dienstag nach Pfingsten holten die jungen Burschen der Stadt in den vier Sindelfinger Mühlen je einen großen Kuchen feierlich ab. Und es wetteiferte der Goldmüller mit dem Riethmüller, welcher den besten und schönsten Kuchen backen konnte. Dem Zug der Burschen voran ritt ein Vorreiter, der auf der Spitze seines gezogenen Degens aufgespießt eine goldgelbe Zitrone trug. Ihm folgten

Musikanten, die Bannerträger der Zünfte, alsdann zwölf Burschen in festlicher Tracht, dann die vier Kuchenreiter, deren jeder einen Kuchen auf hoher Stange, mit bunten Bändern geschmückt, einhertrug. Den Zug beschlossen die übrigen Burschen, im Festtagswams und prächtig gesträußt.

Der Festzug nahm seinen Weg durch die ganze Stadt. Droben beim Klosterhof ritt man dreimal um den großen Brunnen, den Herzog Ulrichs Standbild zierte. Hierauf verfügte sich die festliche Schar ins alte Rathaus, wo auf des regierenden Herzogs Kosten ein herrlicher Schmaus bereitet war – Braten und Kuchen und Wein, und was ansonsten das Herz begehren mochte. Der Tag verging unter Scherz, Spiel und Tanz und allerlei Lustbarkeit, und auch die holden Mägdlein der Stadt nahmen an Spiel und Fest gebührend Anteil. Alt-Sindelfingens ganze Bürgerschaft feierte mit; besonders die Schulbuben waren mit Leib und Seele dabei, denn sie zogen als kleine Kuchenreiter durch die Gassen der Stadt, ritten auf geputzten Steckenpferden und trugen in der Hand eine Gerte mit einem Pfingstküchle an der Spitze.« So berichtet also die Sage. Sie geht allerdings weit über den historisch nachweisbaren Anlaß des Kuchenritts hinaus. Sicher überliefert ist nur, daß die Sindelfinger Müller seit 1537 der Stadt einen Kuchen und für die Schüler zwei Laib Brot und einen Käse als Abgabe zu leisten hatten. Aus den anfangs durchaus respektablen »Kuchenreitern«

wurden aber mit der Zeit anrüchige »Käsreiter«. Dies hängt zweifellos damit zusammen, daß die Sindelfinger Jungmannen die alljährliche Volksfeststimmung rund um den Kuchenritt meist dazu nutzten, allerlei Streiche und Schabernack anzustellen. Pfarrers Stoßseufzer und Bürgermeisters kaum unterdrückter Fluch klingen einem in den Ohren, wenn man sich das bunte Treiben vorstellt: »Heideneinomal, heut hauet se aber donderschlächtig über d'Sträng, die Käsreiter-Saukerle ond könnet wieder amol koi End' finde!«
Schon um das Jahr 1700 versuchten Stadtregierung und Geistlichkeit den Kuchenritt abzuschaffen: das hochheilige Pfingstfest drohte nämlich entweiht zu werden. Diese obrigkeitlichen Bemühungen führten jedoch erst viel später, im Jahr 1837 zum Erfolg, als man die traditionsreiche Veranstaltung einfach verbot.
Mit der Abschaffung des Kuchenritts geriet alsbald auch der Neckname »Käsreiter« in Vergessenheit. Noch längere Zeit mußten die Böblinger Nachbarn daher warten, bis sie den Sindelfingern einen neuen »Aoname« verpassen konnten. Und der fiel mit »Saujäger« auch entsprechend deftiger aus.

Die Sindelfinger Saujäger

Seit der Abschaffung des historischen Kuchenritts im Jahr 1837 genossen die Sindelfinger eine »necknamenlose Ära«, zum Ärger vor allem der Böblinger, die jetzt nichts mehr zu lästern hatten. Fast 40 Jahre dauerte dieses Vakuum, bis sich einer wieder ein Kabinettsstückchen leistete, das einen neuen Übernamen wert war.

Im Jahr 1878 war es endlich so weit. Die Urahne eines alten Sindelfingers hat einst diese Episode erzählt:

»Es war frühmorgens an einem heißen Junitag, als eine Sindelfinger Bäuerin mit geschulterter Sense und ihrem Wieselwagen den Sommerhofenbach entlang Richtung Pfarrwiesen unterwegs war. Für ihre Viecher wollte sie eine Wagenladung voll Grünfutter holen. In der Nähe des Waldrandes hörte sie plötzlich verdächtige Geräusche, sie klangen wie Grunzen und Quieken. Rasch hielt sie inne, und bei genauerem Hinsehen konnte sie zwischen den in der Talaue dahinziehenden Frühnebelschwaden eine Wildsau mit mehreren Frischlingen erkennen. »Mein lieber Scholli«, entfuhr es ihr erschrokken, »so e jesesmäßige Sau hao i mein Lebtag no net em Spitzholz gsehe! Des muß i glei meim Karle sage.« Sie ließ alles stehen und liegen und rannte im Eiltempo nach Hause zurück, um den Bauern zu alarmieren. Den Bratenduft schon in der Nase zögerte der – Schonzeit hin, Muttertier her – keine Sekunde, die Büchse

zu schultern. Schon eine Viertelstunde später traf der Jäger auf die Sau, die das Bachufer entlang direkt vor sein Visier gezogen kam. Im Jagdfieber konnte er es nicht mehr erwarten, legte noch völlig außer Atem an und schoß – daneben! Die Muttersau verfehlte er zwar, sie konnte glücklich entrinnen, doch im Nachschuß brachte der wütende Waidmann immerhin noch zwei Frischlinge zur Strecke, so daß wenigstens ein Spanferkelbraten gesichert war.«

Diese »Sau-Blamage« blieb natürlich nicht geheim, die Kunde von der Jagdszene im Sommerhofental zog über die Stadt hinaus immer weitere Kreise und machte den Sindelfinger »Saujäger« zum Gespött vieler Stammtischrunden.

Im Laufe der Zeit kam sogar noch die Variante hinzu, der Sindelfinger habe statt auf eine Wildsau auf ein entlaufenes Hausschwein geschossen.

Wie man hört, haben bis zum heutigen Tag die Sindelfinger Jäger ihre Probleme mit den »Schwarzkitteln«. Diese sind im Stadtwald offensichtlich so rar und damit auch so begehrt, daß ein Experte erst neulich vor Jogging in der Dämmerung warnte: da werde auf alles geschossen, was wie eine Wildsau durchs Gehölz renne.

Vor diesem Hintergrund ist die Gedächtnislücke selbst geschichtskundigster Einheimischer verständlich, die noch nie etwas von den Sindelfinger »Saujäger« gehört haben wollen.

Besonders hartnäckige Spötter vermuten sogar, insgeheim hätten die Sindelfinger den Kuchenritt im Jahr 1963 nur deswegen wieder aufleben lassen, um endlich als »Saujäger« in Vergessenheit zu geraten und sich als »Käsreiter« unsterblich zu machen.

Die Steinenbronner Beerlesklopfer

Es ist keine zwanzig Jahre her, daß eine renommierte württembergische Zeitung es ablehnte, Geschichten über Ortsnecknamen in einer Serie »broit auszudappe«. Man befürchtete, das könne bei den betroffenen Lesern böses Blut geben! – Gottseidank sind diese Zeiten vorbei.

Besonders rasch haben dies die Bürgermeister und Gemeinderäte einiger schwäbischer Orte erkannt. Mit den Ohren nah am Volke und daher mit der Bürgermeinung bestens vertraut, haben diese die gewandelte Mentalität erkannt: der moderne Schwabe ist durchaus bereit, sich auch einmal selbst auf den Arm zu nehmen. Im Zuge zahlreicher Ortskernsanierungen wurden so schon tausende von Mark in Brunnen und Denkmale investiert, die die jeweiligen Ortsspitznamen bildnerisch darstellen. Neben dem Heidenheimer Knöpfleswäscher-, dem Waiblinger Taubehäusler-, den Tailfinger Wiesespreazer- und verschiedenen anderen gibt es seit einiger Zeit auch in Steinenbronn den Beerlesklopfer-Brunnen. Hier wurde die Werbewirksamkeit der »Necknamenquelle« gar so hoch eingeschätzt, daß sich kritische Stimmen erhoben, als der amtierende Schultes die Übergabe des Brunnens genau acht Tage vor der Bürgermeisterwahl ansetzte. Ob freilich der am neuen Brunnen sitzende »Beerlesklopfer« bei der erfolgreichen Wiederwahl des Amtsinhabers den Ausschlag gegeben hat, wird wohl immer ein Geheimnis bleiben. Kein Rätsel mehr bilden die Ursprünge des

Steinenbronner Unnamens, seit der Heimatforscher Paul E. Schwarz seine umfangreichen Recherchen anläßlich der Brunnenübergabe veröffentlicht hat. Demnach müssen diejenigen Spötter zurückstecken, die geglaubt haben, die Steinenbronner seien deshalb als »Beerlesklopfer« verspottet worden, weil ihre Weintrauben so hart gewesen seien, daß man sie vor dem Keltern weichklopfen mußte. Gegen diese Version spricht insbesondere die Tatsache, daß nachweisbar seit dem Dreißigjährigen Krieg hier keinerlei Weinbau mehr betrieben wurde.

Welche »Beerle« sind also gemeint? Es bleiben da nur noch die Waldbeeren übrig. Neben Bau- und Brennholz hat der umliegende Wald jahrhundertelang auch noch andere »Früchte« hervorgebracht. Walderdbeeren, Himbeeren, Brombeeren und Holunderbeeren spielten dabei eine Rolle, vor allem aber auch die »harten« Beeren wie Schlehen, Hagebutten und Wacholder. Während man aus den »weichen« gerade »G'sälz« kochen oder höchstens Beerenwein oder »Holundersekt« brauen konnte, waren die »harten« Beeren auch für wertvolles Hägenmark oder für die Schnapsbrennerei ergiebig. Den Vogel schossen freilich die Wacholderbeeren ab. Sie waren sehr vielseitig verwendbar, konnten als Wacholdermaische zum Schnapsbrennen genauso gut angesetzt wie als Gewürz im Sauerkraut verkocht und beim Einpökeln und Räuchern von Fleisch zugesetzt werden. Die Volksmedizin kennt Wacholderbeeren zudem seit Urzeiten als harntreibende Arznei, die bei Schwellungen der Unterschenkel im Gefolge von Krampfadern und nach Knöchelbrüchen zur Entwässerung verabreicht wurde. Bis heute weiß man in ländlichen Gegenden, daß arthritische und rheumatische Beschwerden an den Gelenken durch das Zerkauen von Wacholderbeeren während einer etwa vierwöchigen Herbstkur gelindert werden können: Man nehme getrocknete Wacholderbeeren, beginne dreimal täglich damit, eine Beere zu zerkauen, steigere dies von Tag zu Tag bis auf dreimal täglich 15 Beeren und gehe dann zurück, bis man am 30. Tag wieder bei einer Beere anlangt. Ergebnis: sogar die mit »de schlemmschte Hurgelesknui könnet wieder sprenge wie a Wiesele!«

Verständlich, wenn die Wacholderbeeren früher bei den Steinenbronnern hoch im Kurs standen, zumal noch vor hundert bis zweihundert Jahren weite Gebiete um den Flecken herum voller Wacholdersträucher standen. Durch fleißiges Sammeln der »Beerle« hielten sich die ärmeren Schichten der Bevölkerung so recht und schlecht über Wasser; denn was zu Hause nicht gebraucht wurde, konnte gewinnbringend auswärts verkauft werden. Bis es immer so weit war, mußten sie selbstverständlich erhebliche Vorarbeit leisten. Waren im Herbst die Wacholderbeeren von den fleißigen »Kräuterweible« und ihren Kindern gesammelt, so wurden sie anschließend entweder getrocknet oder – wie in den meisten Fällen – für die weitere Verarbeitung zerklopft und zerstampft. Dies war oft das Geschäft der jungen Mädchen und Burschen abends beim Lichtkarz, wo man auch Geschichten erzählte, Lieder sang und schon mal völlig unverfänglich nach einem Liebchen Ausschau halten konnte.

Nun erst brannten die Männer den Schnaps und kochten die Frauen das »G'sälz« ein. Als letzter Schritt folgte schließlich der Verkauf der Wacholdererzeugnisse auf dem Markt der Residenzstadt Stuttgart, auch die Apotheken der Umgebung waren dankbare Abnehmer. Und da die Steinenbronner es mit besonderem Geschick verstanden, ihre Naturprodukte feilzubieten, schufen sie sich mit der Zeit einen Ruf als erfolgreiche Beerensammler und -händler. In den Nachbarorten freilich neckte man sie auch gern, in einer Mischung aus Respekt und Spott, mit dem Übernamen »Beerlesklopfer«.

Die Waldenbucher Grehekocher

Wer sich heutzutage auf dem hervorragend ausgeschilderten historischen Stadtrundgang durch Waldenbuch leiten läßt, wird überrascht sein, wie sich das malerische Städtchen in den letzten Jahren herausgeputzt hat. Helle, lichte Farben, schmuckes Fachwerk sind an die Stelle grauer Fassaden und dunkler, muffiger Winkel getreten, die ehemals das Stadtbild gestört hatten.

Aus diesen dunkleren Zeiten stammen auch die verschiedenen Necknamen: »Krabbe« (= mundartlich für Raben), »Krabbestädter«, in wortspielerischer Abwandlung auch »Rappe«, »Rappestädtle« und noch bissiger und bösartiger »Rattestadt«, spotteten auf den lichten Höhen des Umlands die meist reicheren, bäuerlichen Nachbarn über die ärmeren Bürger der im tief eingeschnittenen Aichtal gelegenen Stadtgemeinde.

Nicht nur die Tallage inmitten düsterer Schönbuchwälder, sondern auch die spezielle »Waldmisere« des Ortes gaben immer wieder Anlaß zu Sticheleien; denn obwohl der Schönbuch zum Greifen nahe lag, hatten die Waldenbucher nur einen unerheblichen Besitz an Stadtwald. Die Ursachen dafür gehen bis ins späte Mittelalter zurück, in die Zeit Herzog Eberhards im Bart (1445 – 1496). Seine Witwe Barbara Gonzaga von Mantua (gestorben 1505) – so erzählt die weithin bekannte Waldenbucher Ortssage »Der verspielte Wald« – sei eine großzügige Wohltäterin der Stadt gewesen. Sie verbrachte nämlich ihre Witwenzeit teilweise auf dem nahegelegenen Hasenhof. Auf Bitten der Stadtväter um ein Stück des württembergischen Forstes habe die Herzoginwitwe einstens folgenden Handel vorgeschlagen: Ab einem bestimmten Tag solle der Schultheiß mit dem Waldmeister und drei Gerichtsangehörigen beim Mittagläuten vom Rathaus weg in Richtung Weil im Schönbuch marschieren; sie werde alsdann ihren Jäger, den Waldvogt und den Bebenhäuser Klostermajer (= Verwalter) von Weil entgegensenden, um mit den Waldenbuchern über die neue Markungsgrenze zu verhandeln. Äußerst angetan von diesem Angebot seien diese – so berichtet die Sage weiter – unterwegs noch ins Gasthaus zur »Linde« eingekehrt nach dem Motto: »Guot z'esse ond z'trinke hält Leib ond Seel z'amme ond dr Weilemer Berg lauft ons no lang net drvo.« – Wie teuer ihnen dieses Vesper zu stehen kam, hätten die Zecher allerdings erst von der herzoglichen Delegation erfahren, der sie nach ihrem späten Aufbruch nicht weit vor den Stadtmauern begegneten: Den Waldenbuchern sollte nämlich nach dem Befehl der Herzogin der neue Wald nur bis zu der Stelle gehören, wo sie mit den Unterhändlern zusammengetroffen waren!

Der Zuwachs an eigenem Wald blieb also für die Aichtäler nur gering, und sie waren weiterhin auf die geringen Holzerträge angewiesen, die ihnen aufgrund einer alten »Waldgerechtigkeit« aus den Schönbuchwäldern zustand. Davon forderten die Bürger mit eigenem Herd und Feuerstelle ebenfalls nach einem uralten Recht noch kostenlos Brennholz. In Zusammenhang mit diesen Rechtsverhältnissen steht auch der urtümliche Waldenbucher Spitzname »Grehekocher«. »Grehe« heißen auf Schwäbisch nämlich die Reisigbündel, die man beim Bearbeiten, beim »Aufmachen« eines Reisigloses zu »Stangen und Grehen« produziert. Da nun das feste Holz aufgrund des Waldmangels immer recht knapp war, mußten die Waldenbucher beim Heizen und Kochen verstärkt auf die »Grehe« zurückgreifen. Aus dem über Jahrhunderte dauernden Mangel wurde im 19. Jahrhundert plötzlich ein Überschuß – dieses Mal dank des glücklicheren Verhandlungsgeschicks der städtischen Honoratioren. Damals wehrten sich die aus Erfahrung klug Gewordenen gegen eine Ablösung der alten Waldgerechtigkeit in Form von Geld und Waldgrundstücken. Stattdessen bekam die Stadt für ihre Bürger aus dem Schönbuch kostenlose 400 Klafter Brennholz und 10.000 Büschel oder Grehen Reisig per Annum geliefert. Endlich konnten die Waldenbucher brennholzmäßig aus dem Vollen schöpfen, und fortan heizten und kochten sie – 400 Jahre unfreiwillig Energiesparsamkeit aufarbeitend –, daß sich Öfen, Rohre und Schlote bogen. »Verschenke deant mir nix!« mochte so mancher Waldenbucher dabei gedacht haben;

denn nach dem Recht durfte die Jahresgabe ja nicht verkauft werden. Die bäuerlichen Nachbarn aus Weil, Steinenbronn und Plattenhardt aber stöhnten bei ihrem Gang durchs Städtle, wenn der Gestank des allzu großzügig getätigten Hausbrands durch die Gassen zog und in Augen und Nase biß: »Die fuiret heut wieder, wia wenn se am Deifel Konkurrenz mache wölltet!« Und falls es einmal vorkam, daß eine Bäuerin aus dem benachbarten Weil zuviel Holz im Kachelofen aufgelegt hatte und es vor Hitze kaum mehr auszuhalten war, so mußte sie schon auf das Gebruttel des Bauern gefaßt sein: »Mir send doch net bei de Waldebuecher ›Grehekocher‹!«

Die Warmbronner Beerlesklopfer

»Koi Beerle ischt hee!« sagte einstmals der Tübinger ›Raup‹, als er mit seinem Fuhrwerk versehentlich über einen Sack voll Weintrauben gefahren war. Und es soll tatsächlich vorgekommen sein, daß dort die Trauben vor dem Keltern weichgeklopft werden mußten, um wenigstens einige Tropfen des begehrten Saftes zu erhalten.

Solche »Beerlesklopfer« waren die Warmbronner nie, denn von Weinbau ist hier weit und breit nichts zu sehen. Das »Beerlesklopfen« bezieht sich vielmehr auf die Früchte des Wacholders, die in früheren Jahren von den ärmeren Leuten gesammelt, weichgeklopft und zu Wacholdermarmelade – auf schwäbisch »G'sälz« –, aber auch zu Gewürz für Sauerkraut, Pökelfleisch und Geräuchertes verarbeitet wurden. Mit den Steinen- machten die Warmbronner als einzige im Kreis Böblingen aus der Not eine Tugend, indem sie es in der Nutzung der Wacholderbeeren zu einer wahren Meisterschaft brachten. Deshalb tragen sie auch zurecht den gemeinsamen Necknamen »Beerlesklopfer«. Unter diesem wurden sie bis nach Stuttgart hinein bekannt und berühmt. Während sich die Steinenbronner nur auf die Verarbeitung der Beeren konzentrierten, verkauften die Warmbronner auch Wacholderholz, das sich besonders zum Räuchern eignete. In ganz frühen Zeiten räucherte man mit diesem Holz

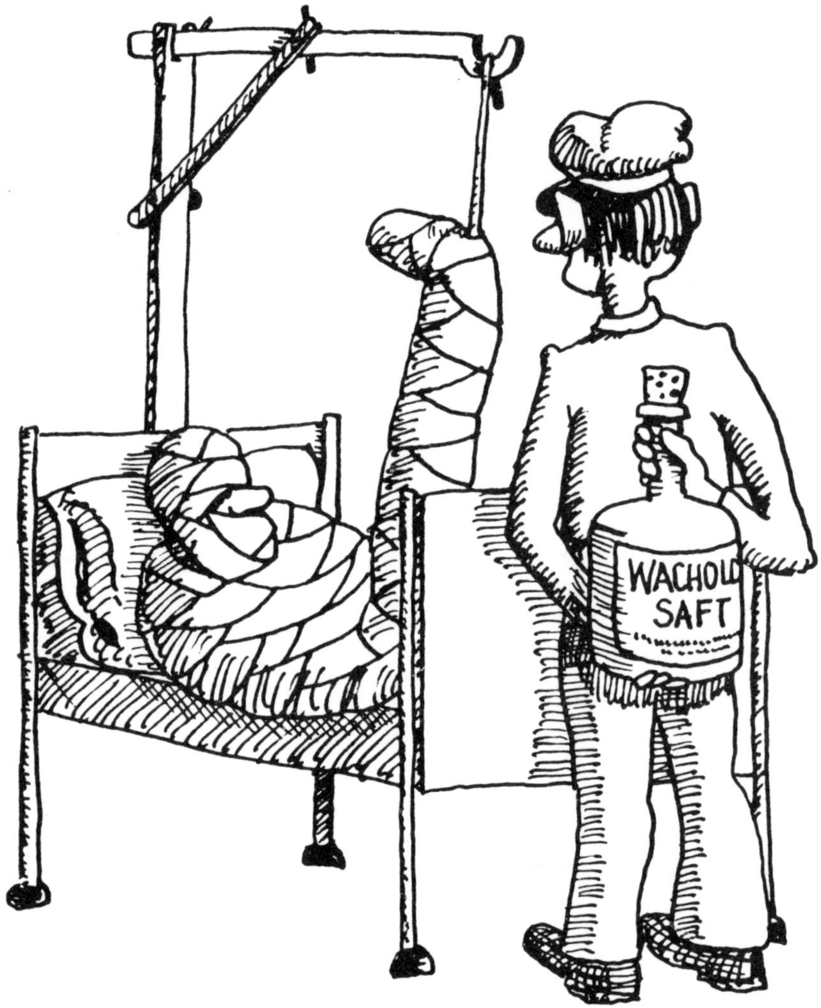

die Ställe aus, um vor Seuchen und Ansteckung zu schützen. Daneben war bei vielen Stuttgarter Bürgersfamilien der aus Wacholderbeeren gepreßte, eingedickte Saft beliebt. Sein harziges, leicht bitteres Aroma schmeckte nicht jedem, aber wen die Arthrose im Knie zwickte, der nahm den herben Geschmack dieses Naturheilmittels schon in Kauf.

Was heute vergessen ist, das war den Warmbronnern verflossener Zeiten wohl bewußt: der Wacholder galt seit Urzeiten als geschätzte Zauber- und Heilpflanze, als Spender von Leben und Gesundheit. Über der Haustür oder im Stall aufgehängt, sollte er – so glaubten schon die alten Germanen – Mensch und Tier vor Teufeln, Hexen, Geistern, Diebstahl, Zauberei und Giftschlangen bewahren sowie verhexte Gegenstände entzaubern.

An diesen Aberglauben knüpften auch Volksbräuche an, etwa das symbolische lebenerweckende Schlagen der jungen Mädchen mit Wacholderbaumzweigen. Bis in unsere Tage hinein wurde dieser Brauch hierzulande am 28. Dezember, dem »Pfeffertag«, von den heranwachsenden Burschen gepflegt. Sie »erpreßten« damit von ihren »Opfern« allerlei Backwerk, Pfeffernüsse, Dörrobst und Nüsse.

Von einer denkwürdigen »Beerlesklopferei« berichtet auch schon der hierzuland bekannte Warmbronner Dichter Christian Wagner in seinem einzigen Prosa-Werk »Eigenbrötler«. Als einer der wenigen Erwachsenen hat sich damals Hannes, der »lange Otter« genannt und Mesner seines Zeichens, immer wieder auf Streitereien eingelassen, wenn auswärtige Jugendliche den Warmbronner Unnamen ungebührlich verwendeten: »Statt nun solchen Lokalpatriotismus zu würdigen, wurde er dafür verlacht; ja, die Buben verabredeten allerlei boshafte Streiche. Der gewöhnliche war der: Am Fenster seiner ebenerdigen Stube warteten sie abends so lang, bis er zu Bette gegangen war. Dann klopfte einer an die Scheiben. – »Was gibt's?« – »Da ist soeben ein ganzer Haufe Eltinger Buben hereingekommen! Draußen an der Wette stehen sie und schreien ›Beerlesklopfer‹! ›Beerlesklopfer‹! Leidet Ihr das? Seid doch sonst ein rechter Mann!« – Der Hannes fuhr auf: »Weib, meine Hosen! Meine Stiefel! Meinen Rock! Meinen Stock! Himmel! Herrgott! Sackerment! Mach'! Mach' schnell!« So fuhr er auf, schlüpfte eilfertig in die Kleider und stürmte hinaus. Draußen an der Wette, am Fußpfad, der nach Eltingen führt, empfing ihn wirklich das herausfordernde Gejohl: »Beerlesklopfer! Beerlesklopfer!« Der Hannes nicht faul, den Rufern nach, über Stock und Stein, Wiesengräben und Schneehügel, es hat damals meist strenge Winter gegeben, fallend und sich überstürzend, und immer rasch sich wieder aufraffend zur grimmigen Verfolgung. Daß bei solch toller Jagd bei Schnee und Nebel, über Wiesengräben und Erdhaufen nicht Mord und Totschlag vorkam, erklärt sich einzig aus der klugen Verabredung der Burschen: So oft nämlich der Hannes einem Burschen so nahe kam, daß er ihn mit seinem Prügel hätte erreichen können, rief dieser wie in versagender Kraft: »Hannes, springet! Dort sind sie! Springet, ich kann nimmer!« Auf diese Weise gelang es, bei Hannes die Meinung zu erwekken, als ob dieser auch zu den Verfolgern gehöre. So tobte der Hannes an ihm vorbei, weiter und weiter, bis das Getümmel sich allmählich entfernte, und er zuletzt, mutterseelenallein und nach Atem suchend, brummend und fluchend sich auf den Heimweg machte.«

Die Weil der Städter Kreuzköpf

»Gottsallmächtige Kreuzköpf send doch die Weilemer!« Diesen Ruf konnte man in früheren Zeiten oft hören, wenn sich die Dörfler aus der Umgebung wieder einmal über ihre reichsstädtischen Nachbarn ärgern mußten. Anlässe für Zwistigkeiten gab es genug. Mal waren die Geschäfte auf dem Viehmarkt schlecht gegangen, mal hatten die Weil der Städter Hausfrauen auf dem Wochenmarkt den Bauern zu wenig Eier und Kartoffeln abgekauft oder an der Qualität der Äpfel und Birnen herumgemäkelt. In die Haare konnte man sich auch geraten, wenn ein Merklinger oder Schafhausener Bauer seine Ackerstute zur Beschälplatte brachte und dort zu hören bekam, wie sehr doch die städtische Pferdezucht die dörfliche an Qualität und Rasse überträfe.

Am häufigsten stritt man sich jedoch über religiöse Fragen. Das lag nahe, denn die freie Reichsstadt Weil war nach der Reformation als einzige Stadt weit und breit »rechtgläubig« geblieben. Nicht einmal der berühmte Sohn der Stadt, der Reformator Johannes Brenz (1499 – 1570), hatte damals helfen können. Die Ratsherrn blieben katholisch, obwohl sich zeitenweise zwei Drittel der Bevölkerung zum Luthertum bekannten. Im Zuge der Gegenreformation konnten sich die Katholiken mit Hilfe der Kaiser aus dem Hause Habsburg endgültig durchsetzen. 1636 waren schließ-

lich alle Protestanten ausgewandert, seit 1640 halfen die in die Stadt geholten Kapuzinermönche bei der »Festigung des Glaubens«.

Das religiöse Außenseitertum wie auch die selbstbewußte Haltung der Weilemer »Großkopfeten« wurde von den Nachbarn natürlich als Dünkel empfunden.

Sie waren halt »reachte Kreuzköpf«, die nicht nur dem katholischen Brauch des »Kreuzschlagens« huldigten, sondern ihre Köpfe auch ziemlich hochhielten. Letzteres fanden die Weil der Städter durchaus in Ordnung. Schließlich war man ja auch wer! Seit dem 13. Jahrhundert hatte man als Reichsstädter nur dem König gehorcht und diese Unabhängigkeit gegen alle Begehrlichkeiten der württembergischen Landesherren bis 1803 mit Zähnen und Klauen verteidigt! Und welcher von den Nachbarorten konnte schon als Geburtsort eines weltberühmten Mathematikers und Astronomen wie Johannes Kepler (1572 – 1630) glänzen?

Eine andere Geschichte hat sicher mit dazu beigetragen, den Ruf der Weilemer als papistische Dickschädel zu erhärten. Die Sage berichtet so: Im Dreißigjährigen Krieg mußte der Flecken Magstadt durch Besatzer viel erdulden. Einst trieb es die Soldateska so weit, daß sich die Bauern heimlich bewaffneten und den Aufruhr wagten. Kurzerhand wurde dieser freilich von den Söldnern niedergeworfen und den Magstadtern die harte Sühne von 4000 Gulden auferlegt. Die

Gemeindekasse war ob der Notzeiten leer, und so gedachte der Schultheiß den in Richtung Schafhausen gelegenen Wald namens »Breitlaub« zu verpfänden. Zunächst fand sich nirgends ein Geldgeber, erst der Abt des Weil der Städter Klosters erbarmte sich der Magstadter und lieh ihnen die hohe Summe. Sollte das Pfand jedoch nicht binnen 99 Jahren ausgelöst sein, so würde der »Breitlaub« an die Mönche fallen.

Jahr um Jahr ging vorüber, gute Zeiten, in denen die Schuldner den Wert des Waldes geringschätzten, schlechte Zeiten, in denen sie den Forst zwar gerne genutzt hätten, aber das zur Auslösung nötige Geld nicht aufbringen konnten. Über 98 Jahre mußten seit der Verpfändung vergehen, ehe die Pfandsumme zusammengespart war. Nur noch ein einziger Gulden fehlte. Doch zu allem Unglück fiel die Ernte dieses Jahres übel aus, was eine schlimme Hungersnot zur Folge hatte. Bis auf einen Heller mußte alles Ersparte zum Kauf von Korn und Frucht in der Fremde ausgegeben werden, um die hungrigen Mäuler zu stopfen. Schweren Herzens machte sich der Schultheiß mit dem letzten traurigen Heller nach Weil der Stadt auf. Er wollte den ehrwürdigen Vater Abt um Nachsicht und Aufschub bitten. Doch der blieb als echter Weilemer starrköpfig, und so war das Pfand auf ewig verfallen. Für den Heller aber hatte der Schultes aus der Klosterbäckerei gerade noch einen großen Brotlaib erhalten, den er unter dem Arm nach Magstadt heimtrug. Seither heißt der

»Breitlaub« im Volksmund »Broatlaab« und erinnert daran, wie man einen ganzen Wald um einen Laib Brot verspielt hatte.
Bekannt ist für die Weil der Städter noch der Name »Spicklingsköpf«. Ein Spickling ist dort das, was man in anderen schwäbischen Gegenden »Steckling« oder »Beert« nennt: ein flacher Kuchen aus Brotteig, der mit Obst, Kraut oder auch mit Zwiebeln belegt ist. Und weil die Weilemer bei festlichen Anlässen ihre bevorzugt mit Äpfeln gespickten »Spicklinge« gleich dutzendweise verspeisen, neckt man sie in der Nachbarschaft nicht nur als »Kreuz-«, sondern auch als »Spicklingsköpf«. Noch heute erinnern an diese Vorliebe die »Spicklingsweiber« mit ihren Kuchenblechen unterm Arm. Sie kann man in geschmiedeter Form am Weil der Städter Narrenbrunnen und »in natura« auch jedes Jahr als Figuren im Fastnachtsumzug bewundern.

Die Weiler Gockelersaufschwänzer

»En Weil o'grupft
en Holzgerlenge o'gschlage,
der kann en Böblenge vo Glück sage!«

Dieser volkstümliche Spruch spiegelt etwas von dem wider, was in früheren Zeiten rund um Weil gang und gäbe war.

Selbst in einem amtlichen Protokoll des Jahres 1850 ist dies hochoffiziell verzeichnet: »Jedoch darf nicht verschwiegen werden, daß Rachsucht und Jähzorn einem großen Teil der Bewohner des Bezirks eigen sind, wodurch häufig Schlägereien mit Körperverletzungen vorkommen.« Haben die Weiler dabei tatsächlich so handfest mitgemischt, wie das einleitend beschrieben wurde? Die Necknamen geben darauf eine wohl eindeutige Antwort. Da ist einmal der von den »Gockelersaufschwänzer« und den »Messerstecher«. In Weil will freilich niemand mehr etwas von diesen Spitznamen wissen, die Erinnerung daran scheint vollkommen verschüttet zu sein. Nicht so getrübt ist das Gedächtnis der Nachfahren jenes Breitensteiners, von dem nachfolgend die Rede ist:

Der Bauer hatte sich eines Morgens in der Frühe aufgemacht, um einige Säcke Korn mahlen zu lassen. Da die Eschmühle bei Neuweiler schon belegt war und die Schönaicher Mühlen wegen Wassermangels stillstanden, fuhr er das Aichtal weiter hinab bis zur Oberen Rauhmühle. Hier wurde

man selbst in trockenen Zeiten bestens bedient, weil oberhalb der Mühle der Sulzbach in die Aich mündet und daher immer genügend Wasserkraft vorhanden war. Dort ankommend wunderte sich der Breitensteiner Landwirt, denn trotz der frühen Morgenstunde standen schon mehrere Fuhrwerke Schlange. Sie waren allesamt aus dem fast eine Stunde entfernten Weil angefahren, da auch die dortigen Mühlen wegen der Trockenheit zeitweise stillstanden.
Sowie die Weilemer das lange Gesicht des Breitensteiners sahen, hoben sie lauthals zu spotten an: »Sag, hot dr Gockeler heut en dr Früh 's Krähe vergesse, daß mr so spät erscht kommt?« – Sie wußten sehr wohl um das Wortspiel – die Breitensteiner wurden ja von jeher als »Gockeler« verlacht – und warteten hämisch auf die Reaktion. Angesichts der Überzahl verkniff sich der so Geneckte die Antwort, welche ihm schon auf der Zunge lag, und dachte sich: »No net uffrege, laß die ›Hôpe‹ no schwätze!«
Diese aber dachten mit keiner Faser daran aufzuhören und stichelten unvermindert weiter. Als sie schließlich den Breitensteiner zum wiederholten Male mit einem lauten »Kikerikii« als »Gockeler« verspotteten, da war für den das Maß voll. »Ihr Zigeuner hent wohl z'viel von eurem saure Wein, dem miserable Simsekrepsler, g'soffe, sonscht dätet ihr net so saudomm romschreie!« gab er es mutig den »Weilemer« zurück. Diese hatten nur auf diesen Augenblick gewartet. Wie auf Kommando stürzten

sie sich auf ihn, und schon war eine heftige Rauferei im Gange. Obwohl der Breitensteiner über Bärenkräfte verfügte, konnte er auf Dauer nicht gegen die Überzahl der Gegner bestehen und mußte gewaltig »Federn lassen«. Zum schlechten Ende hielten sie ihn noch zu dritt fest, der vierte zog aus der Seitentasche der Hose seine »Hape«, das kurze, nach vorn abwärts gekrümmte Wengertermesser, das eigentlich zum Schneiden der Reben be-

stimmt war, und schlitzte Wams und Hose des Kontrahenten von oben bis unten auf.

Auf diese Weise »gerupft«, konnte sich der Kampfhahn nur noch wortlos zu seinem Fuhrwerk schleppen und so rasch als möglich heimkehren. Die siegreichen Weilemer Raufer rühmten sich aber noch lange, wie gekonnt sie doch den »Gockeler uffg'schwänzt« hätten.

Wie oben schon angedeutet, wollen die Weilemer davon aber heute nichts mehr wissen. Als »Aoname« akzeptieren sie höchstens noch »Hôpe« (von Hape, dem Winzermesser), in wehmütiger Erinnerung an ihren noch vor 150 Jahren durchaus guten Wein von der südlichen Halde des Totenbachtals. Und auch der Übername »Zigeuner« wird durchaus noch anerkannt, geht er doch zurück auf die verhältnismäßig liberale Haltung gegenüber den Zigeunerfamilien, denen in Weil im Schönbuch ein Heimatrecht bei der Ziegelhütte auf der sogenannten Zigeunerinsel, später auf dem Roten Berg, eingeräumt worden ist.

Die Weissacher Schlapper

Seit der Weissacher Gesangverein vor einigen Jahren das »Schlapperfest« feiert, rätseln auswärtige Besucher jeden Sommer wieder neu, welche Bewandtnis es eigentlich mit den »Schlapper« habe. Die einfachste Antwort gibt das Zeichen, unter dem das Fleckenfest firmiert: ein gemütlicher Schlappschuh, in dem man nach getaner Arbeit »blitzschnell neischlupfe« kann. Weniger die

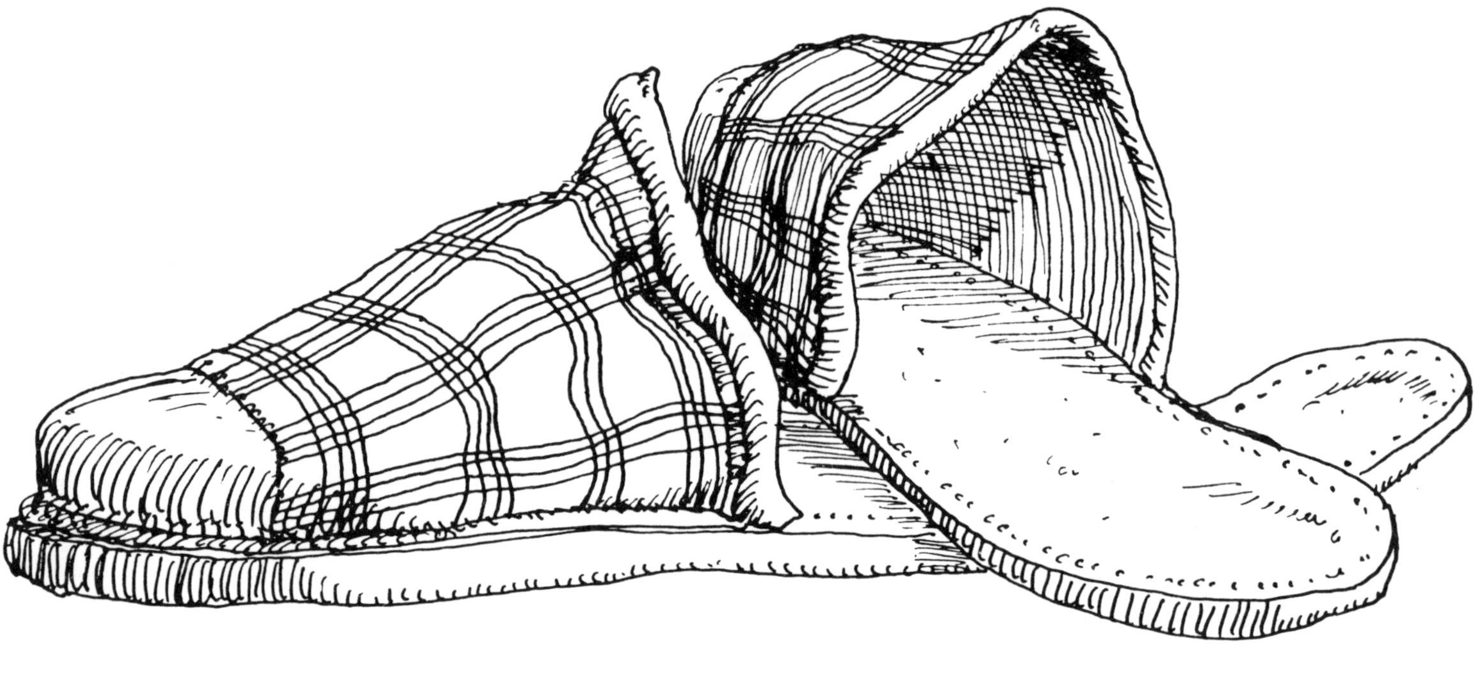

Gemütlichkeit als vielmehr das überhastete Hineinschlüpfen gibt uns aber den weiteren Zugang zum Weissacher Necknamen »Schlapper«. Das »Schwäbische Handwörterbuch« verzeichnet unter diesem Stichwort nämlich:

1. *unordentlicher Mensch, besonders im Essen; öfters leichterer Tadel für läppische junge Leute.*
2. *Vielschwätzer.*

Weitere Aufschlüsse bekommt man unter dem Begriff »schlappe«:

1. *etwas hastig oder unordentlich tun; eine Flüssigkeit rasch, geräuschvoll zu sich nehmen.*
2. *faul, müde einhergehen.*
3. *überhaupt etwas verhudeln, hastig machen.*

Daß die Weissacher »faul oder müde« daherkommen, das werden nicht einmal die benachbarten Flachter »Schnôcke« behaupten wollen. Sie geben durchaus zu, die »Weissicher« seien in vielem sehr schnell und gewandt, wodurch auch der Eindruck des Fleißes und der Arbeitsamkeit entstehe, wie der bekannte Neckvers behauptet:

»Z' Weissich
isch dr Deifel fleißig,
z' Flacht
bleibt er über Nacht.«

Ob man es als Fleiß bezeichnen will, wenn die Äcker besonders hastig gepflügt werden oder die Ernte am schnellsten in der ganzen Umgebung in die Scheune eingefahren sein muß, darüber wird man in Weissach anderer Meinung sein als in Flacht, wo man früher bei der Feldarbeit die schweren Pflüge bevorzugte und mit den leichteren Zugtieren vom Nachbarort nichts anzufangen wußte:

»*Vo Weissich kein Gaul,*
vo Möse (= Mönsheim) *kein Weib!*«

Was das Heiraten anbetrifft, waren die Beziehungen zwischen den »Schnôcke« und »Schlapper« seinerzeit auch nicht gerade rosig. Allenthalben hieß es: »Mer soll net über de Zwerchgrabe heirate«, womit der im Strudelbachtal zwischen Flacht und Weissach gelegene Quergraben gemeint war, an dem die Markungsgrenze verlief. Diesen mußten die Flachter Burschen jedoch überqueren, wenn sie etwa nach Heimerdingen wollten, um auf Brautschau zu gehen. Und oft erlebten sie dabei das, was ein Augenzeuge einmal so erzählt hat:
Eines Sonntagnachmittags machte sich ein Flachtemer nach Heimerdingen auf, um sein Mädchen zu besuchen. Der nächste Weg führte durchs Strudelbachtal und über den Zwerchgraben. Das große Hindernis bildete freilich Weissach. Dort pflegten einen die »Schlapper« aufzulauern und mit Steinen von den Steinriegelhaufen zu bewerfen. Und obwohl der brave Bursche weiträumig um den Flecken herumgewandert war, stellten ihn die »Weissicher« noch kurz vor der Gemarkungsgrenze. Kräftig beschossen sie ihn mit Steinen und fragten da-

bei, ob sie ihm so den Weg nach Heimerdingen zeigen sollten. Der arme Flachter suchte natürlich in einer raschen Flucht sein Heil, wobei ihm die Widersacher, genüßlich die Flachter Redensart nachäffend, hinterhergrölten:

Nai, Bai, Stai, i weiß de Weg allei.
(= Nein, Bein, Stein, ich weiß den Weg allein).

Der Freier konnte diesen Spott leicht verschmerzen, denn in Heimerdingen tröstete ihn sein künftiger Schwiegervater, ein schwerreicher Bauer, mit der im ganzen Strohgäu bekannten, unumstößlichen Wahrheit, daß der Schnee in Heimerdingen weißer als in Weissach sei!

Die Autoren

Hans Anthon Wagner

In Kirchentellinsfurt bei Tübingen an einem 1. April geboren. Aufgewachsen in Hailfingen, wo er die Grundschule besuchte und schon damals – wegen etwas freimütiger Zeichnungen an der Schultafel – vom Pfarrer zur »Sonderbeichte« beordert wird. Danach Gymnasium-Jahre in Herrenberg. Vom dortigen Kunstlehrer Hans Kirschbaum als Talent entdeckt und gefördert. Während des Studiums bereits graphische Arbeiten für verschiedene Auftraggeber. Einjähriger Studienaufenthalt in den USA und anschließend Berufstätigkeit in Stuttgart. Seit Anfang der 70er Jahre selbständiger Graphik-Designer in Herrenberg und später in Breitenholz. Viele gebrauchsgraphische Arbeiten für namhafte Unternehmen zeigen seine Handschrift.
Daneben pflegt er eine vielseitige künstlerische Tätigkeit als Karikaturist, Zeichner und Druckgraphiker. Er schafft freie Kreationen, aber auch Auftragsarbeiten für Firmen und öffentliche Institutionen. Weit über die Landesgrenzen hinaus bekannt sind seine lithographischen Miniaturen mit Ortsansichten aus dem ganzen süddeutschen Raum, die allein mehrere Hundert Bildmotive umfassen. Seine Ausstellungen finden zustimmende Resonanz in überregionalen Zeitschriften und vielen regionalen Publikationen.

Hans Anthon Wagner lebt in Breitenholz, einem kleinen Dorf am Südrand des Schönbuchs, wo sich in der

umgebauten »Alten Molke« auch sein Atelier befindet.

Wolfgang Wulz

Geboren als waschechter »Knöpfleswäscher« in Heidenheim an der Brenz, der zwischen Aalen und Ulm gelegenen »Ostalbmetropole«, auch »Schwäbisch-Sibirien« genannt.
Nach Schulzeit und Abitur am Hellenstein-Gymnasium Studium der Geschichte und Germanistik an der Eberhard-Karls-Universität Tübingen.
Dort prägende Begegnung mit den akademischen Lehrern Heinz Löwe (Mittelalterliche Geschichte), Hansmartin Decker-Hauff (Geschichtliche Landeskunde), Theo Schumacher (Mittelhochdeutsche Literatur) und Jochen Schmidt (Neuere deutsche Literatur).
Wissenschaftliche Prüfung für das Lehramt an Gymnasien, berufliche Tätigkeit als Fakultätsassistent der Tübinger Geschichtswissenschaftlichen Fakultät und Promotion zum Dr. phil. mit einer Arbeit zur Geschichtsschreibung (Der spätstaufische Geschichtsschreiber Burchard von Ursberg, Schriften zur südwestdeutschen Landeskunde, Band 18, Verlag Müller & Gräff, Stuttgart 1982).
Referendariat an beiden Herrenberger Gymnasien, pädagogische Lehramtsprüfung. Seither Deutsch- und Geschichtslehrer am Goldberg-Gymnasium Sindelfingen. Daneben wissenschaftlich-historische Publikationen und freie journalistische Tätigkeit.

Dr. Wolfgang Wulz, Verfasser der Ortsnecknamen-Texte, lebt jetzt in Gültstein bei Herrenberg.

Alphabetisches Necknamenregister

Ortsverzeichnis von A bis Z

Bis zum Herbst 1991 werden im *Breitenholzer IGEL-VERLAG* insgesamt drei, vom bewährten Autorenteam Hans Anthon Wagner und Wolfgang Wulz verfaßte Bände der »Schwäbischen Ortsnecknamen« erschienen sein:

Band 1

Schwäbische Ortsnecknamen rund um Herrenberg und Wildberg. Über 30 wahre Begebenheiten: **Von Leuten, die Frösche abschlecken, Wanzen braten, Eier ausbrüten** und viele andere unglaubliche Geschichten.

ISBN 3-9802434-2-7

Band 2

Schwäbische Ortsnecknamen rund um Böblingen, Sindelfingen und Leonberg. Über 40 wahre Begebenheiten: **Von Leuten, die auf Käse reiten, einen Bach bescheißen, wie Füchse bellen** und viele andere unglaubliche Geschichten.

ISBN 3-9802434-1-9

Band 3

Schwäbische Ortsnecknamen rund um Stuttgart. Über 30 wahre Begebenheiten: **Von Leuten, die Spatzen bemalen, den Heiland klauen, Birnenschnitz' zu Grabe tragen** und viele andere unglaubliche Geschichten.

ISBN 3-9802434-3-5

Die Spitznamen-Geschichten der folgenden Orte sind in den drei Bänden enthalten:

Raum für Ihre Notizen: